全国技工院校航空服务专业教材（中级技能层级）
全国中等职业学校航空服务专业教材

民航
服务礼仪与技能

Minhang Fuwu Liyi yu Jineng

李华　张根岭　主编

中国劳动社会保障出版社

图书在版编目（CIP）数据

民航服务礼仪与技能 / 李华，张根岭主编. -- 北京：中国劳动社会保障出版社，2019
全国技工院校航空服务专业教材. 中级技能层级　全国中等职业学校航空服务专业教材
ISBN 978-7-5167-4204-4

Ⅰ. ①民… Ⅱ. ①李… ②张… Ⅲ. ①民用航空 – 乘务人员 – 礼仪 – 中等专业学校 – 教材 Ⅳ. ① F560.9

中国版本图书馆 CIP 数据核字（2019）第 190716 号

中国劳动社会保障出版社出版发行

（北京市惠新东街 1 号　邮政编码：100029）

*

北京市艺辉印刷有限公司印刷装订　新华书店经销

787 毫米 × 1092 毫米　16 开本　9 印张　152 千字

2019 年 9 月第 1 版　2023 年 5 月第 7 次印刷

定价：18.00 元

营销中心电话：400-606-6496

出版社网址：http://www.class.com.cn

http://jg.class.com.cn

简介

Introduction

本教材适用于全国技工院校航空服务专业（中级技能层级）和全国中等职业学校航空服务专业。教材共分五章，首先对民航服务礼仪进行了概述，然后分别介绍了民航服务人员的形象礼仪、沟通礼仪、社交礼仪和岗位工作礼仪与技能等内容。

教材依据岗位实际，从民航服务人员服务的对象和内容入手，按照服务过程中涉及的礼仪规范编写，具有较强的针对性和可操作性。根据学生的认知规律，教材在编写中大量地融入了图表辅助讲解知识点和技能点，易于教师教学和学生理解。教材配有电子课件，可通过职业教育教学资源和数字学习中心（http://zyjy.class.com.cn）免费下载。

本教材由李华、张根岭任主编，郭越、李健美、种杨参加编写，郎德琴任主审。

目录

Contents

第一章
民航服务礼仪概述

学习目标

☞ 明确民航服务礼仪的含义

☞ 掌握民航服务礼仪的基本原则

☞ 了解民航服务礼仪中的心理学效应

案例导入

刘芳是某机场中转柜台的工作人员。一天，工作中的刘芳趁着没有旅客前来问询，便用手机给家人发信息，没有注意到远处两位老年人相互搀扶着向她走来，直到其中一位老年人拍响了柜台台面，刘芳才猛然站起来，看着两位老年人不耐烦地问："什么事？"老年人被她的语气吓了一跳，慢慢递出手中的机票，询问应该如何转机。刘芳伸手拽过机票查看后，抬手一指中转通道和休息区说"去那边"，然后马上坐下来看手机。当天，刘芳便被两位老年人的亲人投诉了。

思考：刘芳为什么会被投诉?

一、礼仪的含义

礼仪是人们在社会交往中，为了相互尊重，在仪容、仪表、仪态、仪式、言谈举止等方面约定俗成的、共同认可的行为规范。礼仪是对礼节、礼貌、仪态和仪式的统称。

作为一种行为规范，现代礼仪随着时代的变化而变化。但不管礼仪如何变化，在处理人际关系时有一点是不会变的，那就是每个人作为社会的一员，都希望得到他人的尊重。礼仪的实质就是一种人际交往中尊重他人的精神，简单地说，就是要有一颗关心他人、尊重他人的心。

二、民航服务礼仪的含义

民航服务是指由民航企业提供的，以满足旅客的需要为目的，实现旅客与民航企业双赢的活动过程，它包括民航地面服务和民航空中服务两个方面的内容。民航服务礼仪是指为了能够保证旅客的安全、满足旅客的需要以及为旅客提供完美的服务，民航企业和民航服务人员在服务过程中所依据的民航服务规范和要求，以及能够运用的专业技术能力。民航服务礼仪也专指民航服务人员在民航旅行过程各个环节中的服务礼仪，具体包括从旅客购买机票，与旅客进行交流沟通，到飞机上的客舱服务，以及为一些特殊旅客提供相对应的特殊服务等一系列的行为规范。

三、民航服务礼仪的基本内容

民航服务礼仪的基本内容不仅包括民航企业和员工的服务态度，是否用心为旅客服务，是否真正为旅客着想，还包括民航业、民航企业以及民航服务人员所表现出来的形象。这一形象虽然有时会通过民航设施、设备的安全性，民航机场和航空公司的硬件体现，但大多数的时间都是通过民航一线服务人员的言谈、举止和敬人、律己的行为准则来体现的。所以，对民航服务人员进行基本的服务礼仪技能训练，是提升民航服务礼仪水准最直接和最有效的手段，这也是本教材讲解的主要内容。

四、民航服务礼仪的基本原则

1. 3A 原则

3A 原则由美国学者布吉林教授等人提出，该原则是指人一定要恰到好处地表达对别人的友善才能被别人接受。这种沟通技巧包括三点：接受对方(Accept)、重视对方(Attention)、赞美对方（ Admire ）。因为这三个英文单词的首字母均为“A”，所以被称为 3A 原则。

（1）接受对方

接受对方实际上是民航服务人员服务态度是否端正的问题。民航服务人员只有真正意识到旅客至上，才能自然而然地认可对方、接受对方。

（2）重视对方

重视对方实际上是民航服务人员发自内心地表达对旅客的一种重视，这是对旅客表达敬重之意的具体化。重视对方主要表现为民航服务人员认真对待旅客，并且主动关心旅客。旅客通过民航服务人员提供的服务，可以真切地体验到自己受到了关注。

（3）赞美对方

赞美对方实际上是民航服务人员对旅客接受与重视的一种表现。从心理学的角度来说，所有人都希望自己能够得到别人的欣赏与肯定，这要求民航服务人员在服务过程中要善于发现旅客之所长，并且及时、恰到好处地对其表示欣赏、肯定和称赞。赞美对方的最大好处是可以争取旅客的合作，使民航服务人员与旅客在整个服务过程中和睦而友善地相处。

2. 服务有度原则

作为民航服务礼仪的一项基本守则，“服务有度”就是要求服务人员与旅客进行接触时，既要为人热情，以示友善之意，又要充分把握好热情的具体分寸，否则就有可能事与愿违。

如果对服务有度做更准确的描述，就是要求民航服务人员在对旅客热情服务的同时，一定要铭记：自己的一切所作所为均应以不影响对方、不妨碍对方、不给对方添麻烦、不令对方感到不快或不便、不干涉对方的私人生活、不损害对方的个人尊严为限。民航服务人员与旅客打交道时，若把握不好这个限度过度热情，就有可能使自己不适当地“越位”，导致好心办坏事。

五、民航服务礼仪中的心理学效应

1. 首轮效应

首轮效应又叫首因效应、第一印象效应。第一印象通常会在人们对他人、他物、他事的认知方面发挥明显的甚至是举足轻重的作用。对于人际交往而言，这种认知往往直接制约着交往双方的关系。民航服务人员必须充分认识到树立良好第一印象的重要性，认识到无论是自己的个人形象，还是自己所代表的企业形象，都是为旅客所提供服务的有机组成部分，都会成为积极或消极第一印象的重要制约因素。

2. 亲和效应

亲和效应是指人们在人际交往中，往往会因为彼此之间存在某种共同之处或者相似之处，从而感到相互之间更加容易接近。这种效应会使双方萌生亲密感，进而促使双方进一步相互接近、相互体谅。

在人与人交往的过程中，每个人都有一种倾向，会更乐于接近那些看起来与自己比较相似或亲和度更高的人。因此，在民航服务工作中，服务人员应注意个人的服务态度，将旅客当作“自己人”看待，为其利益着想，让旅客感受到服务人员是在切实为自己着想，由此拉近彼此之间的关系，营造可亲、可信、可依赖之感。

3. 晕轮效应

晕轮效应指出，人们对他人的认知和判断往往只从局部出发，扩散而得出整体印象，即常常以偏概全。在人际交往中，如果某人身上表现出的某一方面的特征掩盖了其他特征，就可能会造成人际认知的障碍。

晕轮效应不但经常表现在以貌取人上，还经常表现在以服装定位性格、以初次言谈定位人的才能与品德等方面。因此，民航服务人员应掌握并灵活运用服务礼仪，注意“第一印象”等核心要素的体现，有效避免旅客对民航服务人员形成不良的晕轮效应。

4. 末轮效应

末轮效应和首轮效应相对，即人际交往中的最终印象所形成的相关效应。在人们相互认知与彼此交往的整个过程中，第一印象虽然至关重要，但最终印象也同样发挥着关键作用。末轮效应的核心思想是要求民航服务人员或民航企业在塑造自己的整体形象时，必须有始有终、始终如一。

思考与练习

1. 简述民航服务礼仪的含义。
2. 民航服务礼仪的基本原则有哪些？
3. 简述晕轮效应在民航服务礼仪中的运用方法。

第二章 民航服务人员形象礼仪

学习目标

☞ 掌握民航服务人员的仪容礼仪规范

☞ 掌握民航服务人员的仪表礼仪规范

☞ 掌握民航服务人员的仪态礼仪规范

第一节　民航服务人员仪容礼仪

案例导入

梁波是某机场贵宾厅的工作人员，近日按领导安排，接待一个法国商务团，并要协助商务团成员乘机。工作开始前，领导特意叮嘱梁波，该商务团团长是位非常重视仪容仪表的男士，且患有严重的鼻炎。梁波在接待前仔细打理着装，还喷了些古龙水，以示正式。但接待后的第二天，梁波接到了法国商务团的投诉。

思考：梁波的行为哪里违反了民航服务人员的仪容礼仪规范要求？

仪容主要是指一个人的容貌。就个人的整体形象而言，容貌反映了一个人的精神面貌、朝气和活力，是传递给所接触对象感官的最直接、最生动的第一信息。民航服务人员仪容礼仪的最基本要求是庄重、简洁、大方。

一、面部修饰要点

1. 面部整体清洁和美化

（1）面部清洁

民航服务人员的面部清洁应主要注意以下几点。

1）面部干净清洁，无汗渍。

2）注意面部保养，不能有破疮。

3）男性应及时修剪面部的体毛，如鼻毛、耳毛、胡须等。

4）根据自己面部皮肤的特点来弥补自身的不足。

(2) 面部美化

面部美化就是适度化妆。化妆是一种修饰，可以强化皮肤和五官的优点，掩饰瑕疵，增添个人的魅力。女性民航服务人员在工作环境中化职业妆是比较适宜的，而男性民航服务人员则应侧重于面部的清洁和保养。

根据功能不同，化妆可分为基础化妆和重点化妆。基础化妆包括清洁、滋润、收敛、打底与扑粉等，是指对整个面部的基础敷色。基础化妆具有护肤的功能。重点化妆包括画眼影、画眼线、刷睫毛、涂鼻影、擦胭脂与涂口红等，是指对眼、睫、眉、颊、唇等部位的细部化妆。重点化妆能使容颜更加秀丽和立体。

2. 眼部修饰要求

(1) 眼部保洁

眼部保洁最重要的是及时除去眼角出现的分泌物，如果民航服务人员眼部患有传染病，必须及时休息、治疗，不可直接与旅客和同事接触。

(2) 眉部修饰

民航服务人员可以适当修眉、画眉或者文眉，但是要注意眉形、眉色的自然、美观，不能标新立异。在洗脸、化妆及其他可能的情况下，民航服务人员要特别留意自己的眉部是否整洁，以防在眉部出现诸如灰尘、死皮或脱落的眉毛等异物。

(3) 佩戴眼镜

一般来说，民航服务人员工作时只能佩戴隐形眼镜。如遇允许佩戴非隐形眼镜的情况，应注意三点。第一，眼镜的选择。眼镜除了使用以外，还必须注意其质量是否精良，款式是否适合本人，同时不能选择异形镜架。第二，眼镜的清洁。一定要坚持每天擦拭眼镜，保持镜片的清洁，还应定期对镜架进行清洗。第三，太阳镜的戴法。太阳镜主要适合室外活动时佩戴，以防紫外线伤害眼睛。如果在室内工作时佩戴太阳镜面对旅客，则是对旅客不恭敬的表现。

二、口腔清洁要点

民航服务人员口腔的清洁应主要注意以下几点。

1. 牙齿洁白

民航服务人员应尽量不吸烟、不喝浓茶，以免牙齿变黄或变黑。如果牙齿出现变黄或变黑的情况，可选择到医院进行相应处理。

2. 牙齿无异物

民航服务人员应坚持“三、三”制，即每日三餐后的三分钟内要漱口或刷牙，这样既能保证牙齿和口腔的健康，又能避免异物夹在牙齿的缝隙中。如果遇到异物塞牙的情况，不可当众剔牙。

3. 口腔无异味

民航服务人员应养成早晚刷牙的习惯；不暴饮暴食，多吃清淡食物，忌油腻和辛辣，戒烟酒；工作之前不吃葱、蒜、韭菜等有异味的食物；与人近距离交谈，应用手掩口；口腔有异味时，嚼口香糖、话梅等可适度减轻异味。

三、手部修饰要点

手可以体现出一个人的修养、卫生习惯和对生活的态度。因此，民航服务人员应主要注意以下几点。

1. 指甲应修剪整齐，但不可当众修剪。

2. 指甲不可过分修饰，不可涂有色的指甲油，不可美甲。

3. 不可啃指甲，更不可当众咬手指头。

4. 保持指甲的清洁，但不可在他人面前清洁指甲缝。

四、头发修饰要点

民航服务人员修饰头发时主要应注意以下几点。

1. 无异味，无异物（无头屑），不染彩色发。

2. 经常梳洗。根据自己的发质选择合适的洗发水，条件允许的话，应隔天或每天洗一次头发，最长也不应超过三天。在夏季或进行户外运动时，民航服务人员应每天洗发，油性发质者也应每天洗发。

3. 定期修剪。男性民航服务人员的头发应半个月修剪一次，最长也不应超过一个月。女性民航服务人员如果是短发，也应一个月内修剪一次；如果是长发，一般要求束发或盘发，干净、利落的造型意味着整洁和高效。

第二节　民航服务人员仪表礼仪

案例导入

姜晓是某航空公司一名地面服务人员，这天她临时接到调班计划，要求她在两个小时内抵达工作岗位，完成一队重要旅客的接待和送机工作。姜晓立刻进入工作准备状态，却发现她昨晚洗好的制服还没有干，而备用制服因长期未穿而存在大量褶皱。时间紧急，姜晓只好匆匆熨烫好备用制服，穿着完毕马上赶往机场。抵达工作岗位后，她才发现自己未戴制服丝巾，而衬衫上还留有褶皱痕迹。

领导发现后，急忙拿出自己的备用丝巾给姜晓戴好，但衬衫无处熨烫。接待工作结束后，姜晓受到了严肃的批评。

思考：姜晓的行为存在哪些不妥之处？实际工作中应如何避免？

民航服务人员的仪表礼仪主要是指服饰的礼仪。服饰是人们对衣着打扮及装饰品的统称，是仪表最重要的组成部分。服饰既是一种文化，也是一种艺术。它是一种无声的语言，既能体现人的性格特点、文化修养和审美能力，又能体现人的地位、财富及职业特征。

一、职业着装原则

1. 整洁原则

在任何情况下，服饰都应该是整洁的。衣服不能沾有污渍，不能有开线，更不能有破洞，扣子等配件应齐全。衣领和袖口处尤其要注意整洁。

2. 和谐原则

和谐原则是指协调得体原则，即选择服装时不仅要与自身体型相协调，还要与着装者的年龄、肤色相配。

3. TPO 原则

TPO 原则是国际上通用的商务着装原则，T、P、O 是英语“Time”“Place”“Object”三个单词的首字母，其中 T 代表时代、季节、时令，P 代表地点、场合、职位，O 代表目的、对象。TPO 原则即指在日常的工作、生活中，人的穿着打扮要兼顾时代、季节、时令、地点、场合、职位、目的、对象，并与之相适应。

4. 配色原则

服装色彩搭配得当，可使人显得端庄、优雅、得体；搭配不当，则使人显得不伦不类、俗不可耐。职业人员在工作场合，应选择正装，在选择正装时，要注意遵循三色原则，即一次身着服装的色彩不要超过三种颜色。遵循三色原则不仅能保持正装庄重、典雅的总体风格，并能使正装显得规范、简洁、和谐。

二、女性民航服务人员仪表礼仪

女性民航服务人员仪表礼仪见表 2—1。

表 2—1　女性民航服务人员仪表礼仪

服装	仪表礼仪
制服	清洗干净并熨烫平整，表面无污渍、斑点、皱褶、脱线、抽丝、缺扣、残破、毛边、反光等问题；制服要合体，不可过瘦或过肥，不可随意改变制服的款式
风衣	根据天气情况决定风衣是否加内胆，但必须保持整组统一。穿着时系好纽扣和腰带，风衣口袋内不可放置过多物品，以防变形，物品不可外露
裙装	裙装要熨烫平整，不可短于膝盖；夏装连衣裙所系腰带应松紧适宜，口袋内不可放置过多物品，以防变形
丝袜	夏装应穿着符合航空公司要求的净面丝袜，无脱丝、破洞；冬季着裙装时可由乘务长（客舱经理）统一制定丝袜穿着要求；穿着裤装时配黑色净面短袜（透肤色）；女性空乘人员执行航班任务时，必须携带一双备用丝袜
皮鞋	穿着工装时，应搭配统一发放的皮鞋；皮鞋应保持干净、光亮，无破损

三、男性民航服务人员仪表礼仪

男性民航服务人员仪表礼仪见表 2—2。

表 2—2　男性民航服务人员仪表礼仪

服装	仪表礼仪
制服	清洗干净并熨烫平整，表面无污渍、斑点、皱褶、脱线、抽丝、缺扣、残破、毛边、反光等问题；制服要合体，不可过瘦或过肥，不可随意改变制服的款式

续表

服装	仪表礼仪
衬衫	清洗干净并熨烫平整；春夏需穿短袖衬衫，秋冬自选穿着长袖或短袖衬衫，穿着时应系好所有纽扣；衬衫领口、袖口的纽扣必须系好。任何时候都不得挽起袖子，衬衫口袋内不得放置零散物品
马甲	马甲尺寸适中，清洗干净并熨烫平整；穿着时系好纽扣；马甲上必须佩戴服务牌
裤装	清洗干净并熨烫平整；裤子长度以裤脚轻搭在鞋面上方为宜；裤子口袋内不得放置零散物品
袜子	穿着黑色棉袜，袜腰不可过短，以下蹲或就座时不露皮肤为宜；袜腰不可带有任何标志、图形
皮鞋	皮鞋应保持干净、光亮，无破损；鞋面皮革不允许有任何装饰物；如果皮鞋由个人购买，款式和颜色必须等同于统一发放的款式

四、饰品使用礼仪

1. 帽子

帽子与相应服装配套，穿着春秋制服、冬装制服、大衣送客时，必须戴帽子。帽徽端正，帽徽向下延长线正对鼻梁，帽檐不遮眉，应在眉上方的 1 ~ 2 指处。

2. 发饰

穿着制服佩戴的发网必须为黑色（见图 2—1），盘发髻时要求使用隐形发网；如需佩戴发卡，必须为黑色，发卡上不得有任何装饰物，且发卡的总数量不得超过四枚。

图 2—1 女士发饰

3. 皮带

民航服务人员必须使用航空公司统一配发的皮带，皮带余留长度不可超过侧腰。

4. 丝巾

丝巾不能有抽丝或线头，不得沾有口红印及油渍，应保持干净平整。佩戴时，应使丝巾紧贴颈部，丝巾的造型部分（花朵等）应按航空公司规定，统一保持在颈部一侧，如图 2—2 所示。

图 2—2　丝巾系法

知识链接

民航服务人员花式丝巾的折法

民航服务人员花式丝巾的折法见表 2—3。

表 2—3　　民航服务人员花式丝巾的折法

步骤	图示
将整条丝巾展开，选择一角对折	

续表

步骤	图示
将丝巾等距离折叠	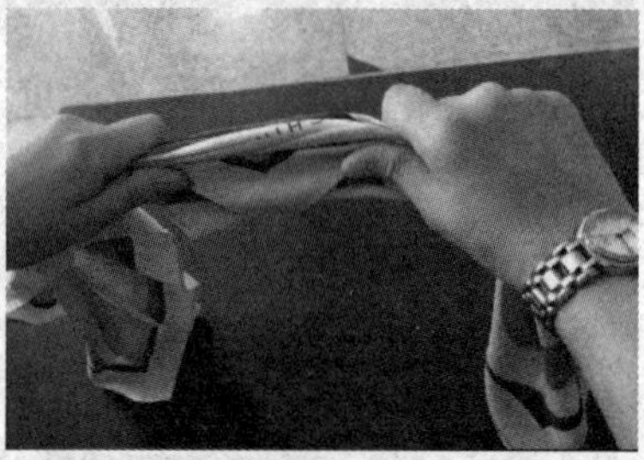
按照长边对折	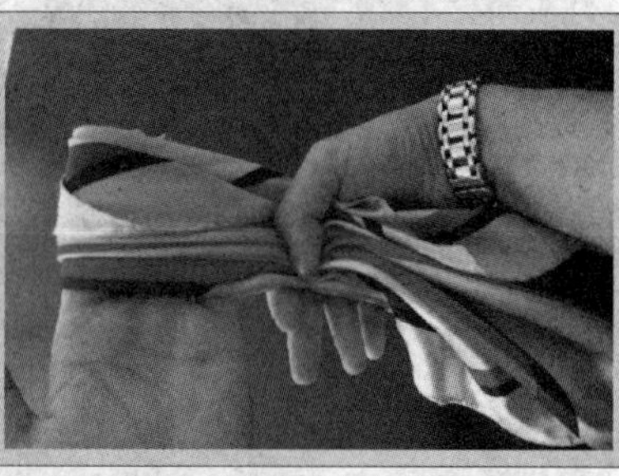
隆起等距离对折成四折	
用手固定折好的丝巾并进行整理	
用皮筋扎好固定	

续表

步骤	图示
整理每一折的花瓣，将其展开	
将每一折花瓣左右的边收回去，确保美观	
总体整理花瓣的大小以及每一折花的花瓣形状	
完成	

5. 姓名牌和胸徽

民航服务人员穿着马甲、外套、夏装制服时应佩戴姓名牌和胸徽。其中，空乘人员姓名牌应佩戴于右胸上方，胸徽应在姓名牌上方平行佩戴，除姓名牌和胸徽，不可佩戴胸针或其他饰物。

6. 饰物

(1) 腕表

民航服务人员在执行航班任务时均须佩戴时针、分针刻度明显的手表，表带以金属和皮质为宜，宽度不可超过两厘米，皮质表带颜色限制在黑、棕、深蓝、深灰等，不可佩戴卡通、运动、带有饰物或款式夸张的手表。

(2) 戒指

民航服务人员只允许佩戴一枚戒指，戒指款式要简单、大方，镶嵌物直径不可超过 5 毫米，且只能戴在无名指或中指上。

7. 领带及领带夹

男性民航服务人员应系领带，并佩戴领带夹；领带保持干净、整洁，无脱丝、脱色。领带夹夹在衬衫由上至下数的第四粒与第五粒纽扣之间，差不多是领带结下方的 3/4 处。

知识链接

领带的常规系法

一、温莎结（Windsor Kont，见图 2—3）

图 2—3　温莎结

温莎结适合用于领间距离宽的衬衫，应避免使用材质过厚的领带，领结也勿打得过大。

二、双环结（Double Knot，见图 2—4）

一条质地优良的领带再搭配上双环结是营造时尚感的最佳选择。该领带系法完成后的特色就是第一圈会稍露出于第二圈之外，注意千万别刻意遮盖。

三、平结（Plain Knot，见图 2—5）

平结是男士们选用最多的领带系法之一，几乎适用于各种材质的领带。该领带系法完成后，领结下方所形成的凹陷部分应均匀对称。

双环结-Double Kont

图 2—4　双环结

平结-Plain Kont

图 2—5　平结

8. 围裙

民航服务人员在进行餐饮服务时（包括地面供餐）必须穿着围裙，围裙应清洗干净并熨烫平整。

9. 手套

空乘人员要佩戴航空公司统一发放的手套，保持整组统一。

10. 飞行箱包

飞行箱包包括小背包和小拉箱（见图 2—6）。空乘人员执行任务时必须携带统一发放的飞行箱包；应保持箱包外观的清洁，箱包外不得有装饰物、贴画等。小背包不得斜背于肩上。

图 2—6　飞行箱包——小拉箱

11. 工作用笔

民航服务人员仅限携带一支商务用钢笔或圆珠笔。男士用笔外观仅限黑色；女士用笔外观可视服装而定，着夏装时可配灰色或黑色笔，着冬装时可配紫色或黑色笔。

民航服务人员携带工作用笔时应注意以下事项。

（1）笔不可以夹在腋下，放在口袋内以不露出为宜。

（2）为防止水笔污染衬衫口袋，男士最好将笔放在裤子口袋内。

（3）女士在着裙装时应选择长度短一些的笔，方便将其放在制服口袋内。

第三节　民航服务人员仪态礼仪

案例导入

白立是某机场地面工作人员，思维灵活且工作能力强。今天他刚完成一轮机场巡视，在贵宾休息室门口倚靠墙壁休息。这时走过来一位先生，告知白立他因低血糖现在有些头晕，请白立为他提供一杯饮料缓解一下。白立马上去贵宾休息室内端出一杯可乐和一杯橙汁递给旅客，旅客接过橙汁但拒绝了可乐。白立为了方便搀扶旅客，便将手中的可乐一饮而尽，并顺手将纸杯丢入垃圾桶内。这一幕被往来的旅客看在眼里，并对白立进行了投诉：一位旅客认为白立当众将可乐喝完的行为不符合民航服务人员的仪态礼仪要求。

思考：白立的行为看起来是出于好意或方便服务低血糖的旅客，可为什么却引来了投诉？

仪态是指人在行为中的姿势和风度。姿势是指身体呈现的样子，风度是指气质的表露。根据民航服务人员礼仪的要求，民航服务人员的仪态礼仪主要包括表情、站姿、坐姿、行姿、蹲姿、手势、鞠躬等几个方面的礼仪。

一、表情

表情是人体态语言的重要组成部分，它包括脸色的变化、肌肉的收展及眉、鼻、嘴等的动作。与民航服务人员工作联系比较紧密的面部表情为目光和微笑。

1. 目光

在人与人之间进行交流时，目光的交流总是处于最重要的地位，目光能够最直接、最准确地展示个人的心理活动。民航服务人员在问候对方、听取诉说、征求意见、强调重点、表示诚意、向旅客道谢或道别时，都要以柔和的目光注视旅客，表示自己聚精会神、全神贯注或重视对方。民航服务人员在工作中想要正确运用好目光礼仪，应掌握以下相关知识。

（1）目光的注视部位

由远至近，目光的注视部位由全身集中到肩部以上“大三角”区域，再集中到眉与口唇之间的“小三角”区域。

（2）目光的注视角度

在注视他人时，目光的注视角度是体现与被注视对象亲疏远近的外在表现。注视他人的常规角度有正视、平视、侧视、仰视和俯视。

1）正视。正视即在注视他人时，目光视线与对方正面相向，要面对对方。正视对方体现的是对对方的尊重。

2）平视。平视即在注视他人时，目光视线与对方的视线呈水平状态。平视可以表现出自己的不卑不亢，一般适用于在普通场合与身份、地位平等的人进行交往。

3）侧视。侧视属于平视的一种特殊情况，即位居交往对象同一侧，面向并平视对方。它的关键在于要面向对方，否则即为斜视对方，是一种失礼的表现。

4）仰视。仰视即在注视他人时，本人所处的水平位置较对方要低，需要抬眼仰头向上注视他人。仰视有尊重、敬畏之意，适用于面对尊长之时。

5）俯视。俯视和仰视相反，即在注视对方时，本人所处的水平位置较高，需要低头向下注视他人。

2. 微笑

微笑是一种令人愉悦的表情，它可以与语言及行动相互配合，起到互补作用，在服务中表达深刻的内涵。有魅力的微笑能够拨动人的心弦，能够架起友谊的桥梁。微笑的一般要求如下。

（1）微笑要真诚、自然

微笑应发自内心，体现诚恳、真实，虚伪的假笑、牵强的冷笑会让人反感。

（2）微笑要适度、得体

微笑虽然是人们交往中最有吸引力、最有价值的面部表情，但也要适度使用，不能随心所欲。适度就是要笑得有分寸、不出声，含而不露。得体就是要恰到好处，当笑则笑，不当笑则不笑：喜庆的场合，应当微笑，而特别严肃的场合，则不宜微笑，否则会适得其反，给对方留下不好的印象。

（3）微笑要做到甜美

甜美的微笑由嘴巴、眼睛及眉毛等共同协调完成，能让民航服务人员展现出一定的亲和力，如图2—7所示。

图2—7 微笑服务

知识链接

微笑训练法

微笑训练法见表2—4。

表2—4 微笑训练法

名称	训练方法
对镜训练法	面对镜子，双唇轻闭，使嘴角微微翘起，面部肌肉舒展开来
口型对照法	通过一些相似性的发音口型，如“一”“茄子”“田七”等，找到适合自己的最美的微笑状态
他人诱导法	同桌、同学之间互相通过一些有趣的笑料、动作引发对方微笑
情绪引导法	回忆自己的美好往事、幻想自己将要经历幸运事件引发微笑

二、站姿

站姿是仪态美最基础、最关键的因素，良好的站姿能衬托出一个人美好的气质和风度，自然挺拔的站姿能给人一种可靠而干练的印象，所以民航服务人员尤其应该注意自己的站姿。

1. 站姿的要求

站姿的基本要求：上体正直，头正目平；收颌梗颈，挺胸收腹；双臂下垂，立腰收臀；嘴角上扬，表情自然。

(1) 女性民航服务人员站姿要求

女性民航服务人员站姿要求见表 2—5。

表 2—5　　女性民航服务人员站姿要求

站姿类型	站姿要求	图示
基本式站姿	头正，双眼平视前方，嘴微闭，收颌梗颈，表情自然，稍带微笑；躯挺，双肩平正，微微放松，稍向后下沉；两臂自然下垂，双手紧贴两侧裙边；双脚分开呈“V”形（即“小八字”）	
丁字步腹部握指式站姿	身体直立，双手在腹前交叉，右手轻握在左手上；一只脚稍向前，脚跟靠在另一只脚内侧，双脚呈“Y”形（即“丁字步”）	

（2）男性民航服务人员站姿要求

男性民航服务人员站姿要求见表 2—6。

表 2—6　　男性民航服务人员站姿要求

站姿类型	站姿要求	图示
基本式站姿	头正，双眼平视前方，嘴微闭，收颌梗颈，表情自然，稍带微笑；躯挺，双肩平正，微微放松，稍向后下沉；两臂自然下垂，中指对准裤缝；双脚分开呈“V”形（即“小八字”）	
腹部握指式站姿	双眼平视前方，面带微笑；双手自然相握，左手握在右手或右手手腕上，轻贴在腹部；双脚平行打开至与肩同宽，间距以 20 厘米为宜；也可脚跟相靠，双脚分开呈“V”形	
背部握指式站姿	双眼平视前方，面带微笑；双手叠放在背后，左手握住右手手腕；双脚平行打开至与肩同宽，间距以 20 厘米为宜	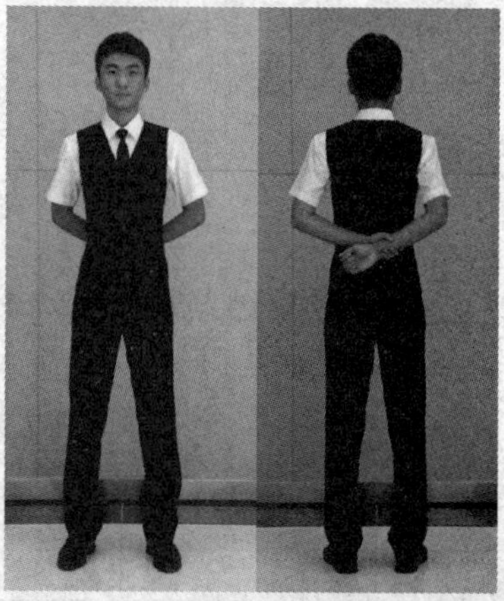

2. 站姿的训练方法

（1）贴墙直立

背靠墙站直，背部紧贴墙壁，然后使头部、肩部、腰部、臀部及脚后跟与墙壁间的距离尽可能地缩小，让头部、肩部、臀部、腿部之间纵向连成直线，如图 2—8 所示。

（2）头顶书本

颈部自然挺直，下颌向内收，上身挺直，目光平视，面带微笑，头部、躯干保持平稳，把书本放在头顶中心，确保书本不会掉下来，如图 2—9 所示。

图 2—8　贴墙直立

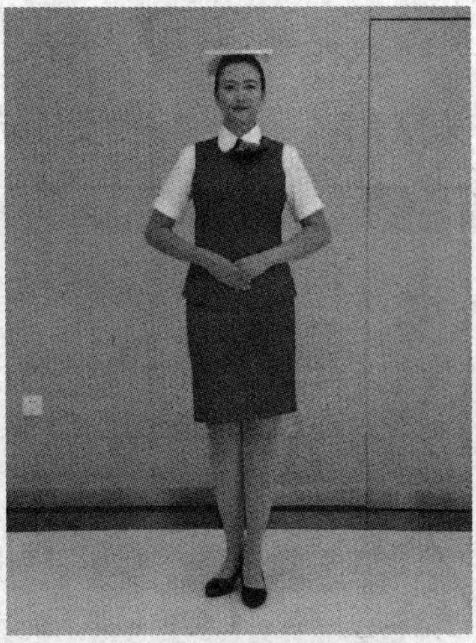

图 2—9　头顶书本

（3）两人贴背

两人一组，背靠背站立，相互将头部、肩部、臀部、小腿及脚后跟靠紧，并在两人的肩部、小腿等相靠处各放一张卡片，保证卡片不会掉下来，如图 2—10 所示。

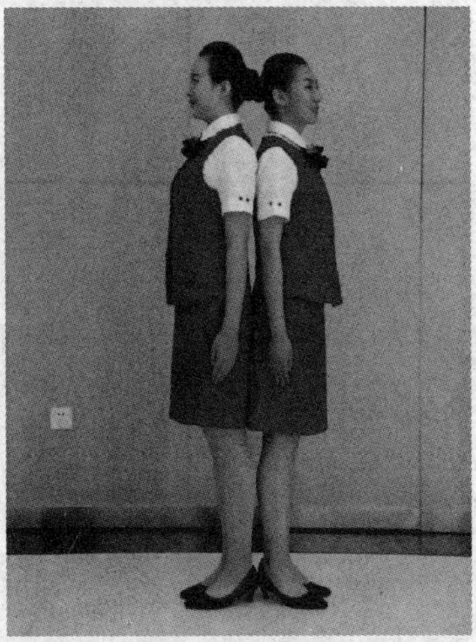

图 2—10　两人贴背

3. 站姿的注意事项

在站立时，应注意站姿五忌：一忌在正式场合将双手插在裤子口袋里，二忌将双手交叉抱于胸前，三忌身体歪斜或靠在墙上，四忌频繁地变动体位，五忌下意识地做些小动作。

三、坐姿

坐是一种静态造型，是非常重要的仪态，在日常工作和生活中会经常使用。对于男性而言，更有“坐如钟”的说法；对于女性而言，端庄优美的坐姿会给人以优雅、稳重和大方的美感。

1. 坐姿的要求

坐姿的规范要求：挺胸立腰，上体正直；头部端正，双目平视；双肩平正，手姿优雅；脚位正确，大方自然。

（1）女性民航服务人员坐姿要求

女性民航服务人员坐姿要求见表 2—7。

表 2—7　女性民航服务人员坐姿要求

坐姿类型	坐姿要求	图示
标准式坐姿	入座时走到座位前，转身后把右脚向后撤半步，轻稳坐下，以坐满座位的 2/3 左右为宜，然后把左脚与右脚并齐。上体自然挺直，头正；表情自然亲切，目光柔和平视，嘴微闭；双肩平正放松，两臂自然弯曲，双手叠放在双腿上；双脚平落地面，小腿与地面垂直，起立时右脚先向后收半步，然后站起	
前后式坐姿	在标准式坐姿的基础上，右脚向后撤半步，双膝并拢；两臂自然弯曲，双手叠放在双腿上；上体自然挺直，头正；表情自然亲切，目光柔和平视	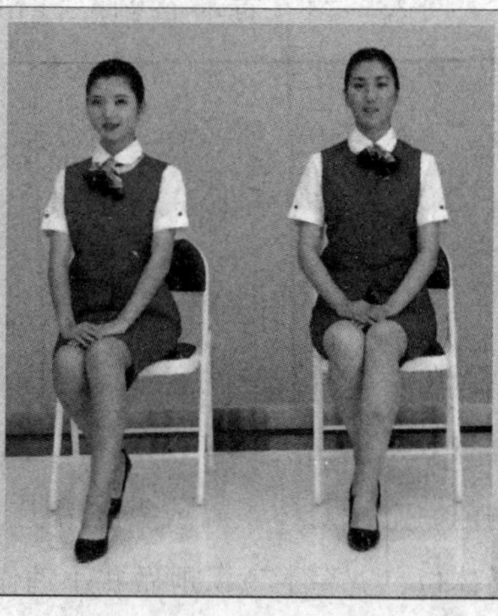

续表

坐姿类型	坐姿要求	图示
交叉式坐姿	在前后式坐姿的基础上，右脚后缩，与左脚交叉，两个脚踝关节或重叠或稍分开，左脚脚尖着地。上体自然挺直，头正；表情自然亲切，目光柔和平视，嘴微闭；双肩平正放松，两臂自然弯曲，双手叠放在双腿上	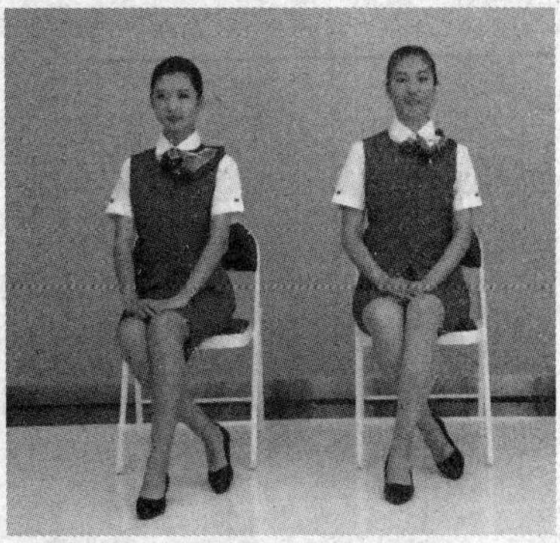
斜放式坐姿	两膝并拢，双脚同时向左侧或右侧斜放，并与地面形成45°左右的夹角。注意大腿与小腿间要成90°角，小腿要充分伸直，尽量显示小腿长度。斜放式坐姿适用于穿短裙的女士在较低的座椅就座	
重叠式坐姿	在标准式坐姿的基础上，两腿向前，一条腿提起，腿窝置于另一条腿的膝关节上。要注意置于上面的腿向里收，贴住另一条腿，脚尖向下。双脚可以垂放，也可以与地面成45°角斜放	

(2) 男性民航服务人员坐姿要求

男性民航服务人员坐姿要求见表2—8。

表 2—8　　男性民航服务人员坐姿要求

坐姿类型	坐姿要求	图示
标准式坐姿	上身挺直，双肩平正；双手自然放在两腿或座椅扶手上，两膝分开，与肩同宽，小腿垂直落于地面。男士在正式场合只能采用标准式坐姿	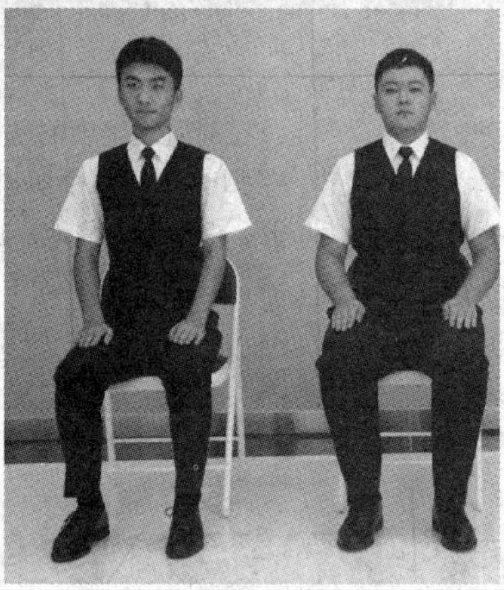
高低式坐姿	在标准式坐姿的基础上，右脚向后撤半步，两膝一高一低，双手分别放在双腿上	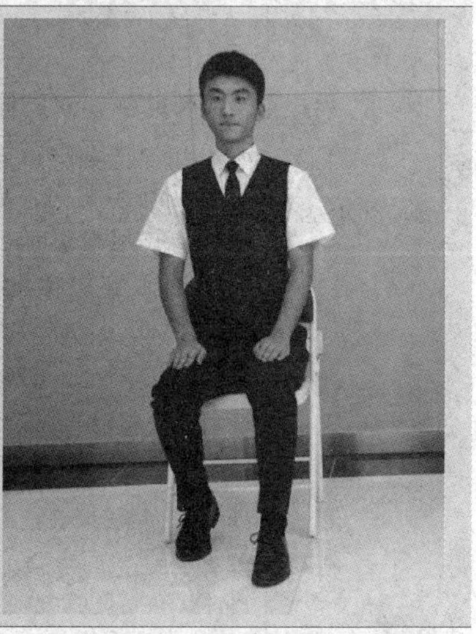
重叠式坐姿	右腿叠在左膝上部，右小腿内收贴向左腿，脚尖下点。坐正立腰，双手叠放在膝盖上	

2. 坐姿的注意事项

（1）落座轻稳

落座前应大致观察座椅位置，落座时保持身体重心稳定，尽量避免出现歪斜、倾倒等不良动作，落座幅度不宜过大，宜轻稳入座，并避免座椅移动发出声响。

（2）控制脚尖方向

脚尖指向他人是非常失礼的行为。不管采用哪一种坐姿，都不要以本人的脚尖指向他人。

（3）控制手部动作

就座后，双手均应放置于身前。有桌子时，双手应放在桌上，单手、双手放在桌下或用双肘支撑桌面均是不允许的。

四、行姿

行姿是动态的，是站姿的延续。行走时，每个人都是一个流动的造型体，优雅、稳健、敏捷的行姿会给人以美的感受，产生感染力，反映出行走者积极向上的精神状态。

1. 行姿的要求

行姿的规范要求：上身挺直，头正目平；收腹立腰，摆臂自然；步态优美，步伐稳健；动作协调，走成直线。

（1）常见行姿

1）平行步行姿（见图 2—11）。在民航服务工作中，男士常见的行姿是平行步。平行步行姿的要领：收腹，双眼平视前方，下颌微收，以肩关节为轴，两臂前后自然摆动，幅度在 30° 左右，双脚内侧落地时的轨迹在两条直线上，双肩应平稳。

2）一字步行姿（见图 2—12）。在民航服务工作中，女士常见的行姿是一字步。一字步行姿的要领：双脚内侧落地时的轨迹在一条直线上，两膝内侧相碰，立腰提臀，挺胸收腹，肩外展，头正颈直，微收下颌，以肩关节为轴，两臂前后自然摆动，幅度在 30° 左右。

（2）变向行姿

变向行姿是指民航服务人员在行走中，需转身改变方向时，应采用合理的方法，展现服务规范和优美的步态。

图 2—11　平行步行姿

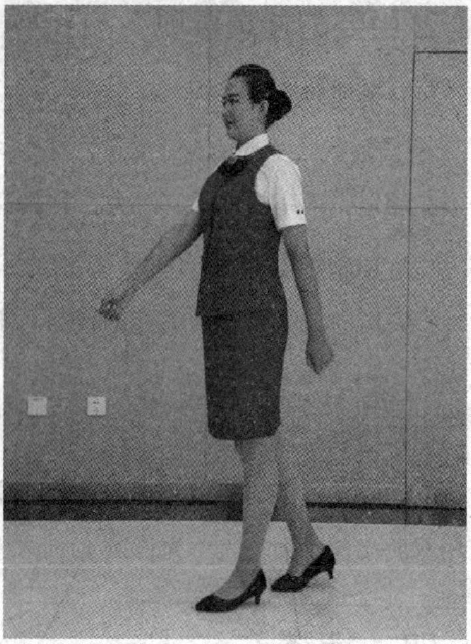

图 2—12　一字步行姿

1）引导步。引导步是指民航服务人员走在旅客前为其带路时所采用的步态。引导时要尽可能走在旅客左侧前方，整个身体半转向旅客方向，与旅客保持两步的距离，遇到上下楼梯、转弯、进门时，要伸出左手示意，并提示请旅客上下楼梯、转弯、进门等。

2）前行转身步。在前行中要转弯时，应在距所转方向远侧的一只脚落地后，立即以该脚掌为轴，转过全身，然后迈出另一只脚，即如果向左转，就要右脚在前时转身，反之亦然。

3）后退步。民航服务人员与旅客告别时，应当先向后退两步，再转身离去，退步时鞋底轻擦地面，步幅要小，先转身后转头。

2. 行姿的注意事项

（1）规范的行姿首先要以端正的站姿为基础。行走时要防止八字步、低头驼背，不要摇晃肩膀、大幅度甩臂，不要扭腰摆臀、左顾右盼，鞋底不要擦地面。

（2）双肩应平正，以肩关节为轴，两臂前后自然摆动，摆幅以 30° ~ 35°为宜，手臂外开不超过 30°。

（3）上身挺直，头正，挺胸，收腹，立腰，重心稍向前倾，大腿带动小腿向前迈步。

（4）注意步位。脚尖略开，起步时，身体微向前倾，脚跟先接触地面，再将身体重心送到前脚掌，使身体前移。行走中身体的重心要随着移动的脚步不断向前过渡，不应停留在后脚上，并注意在前脚着地和后脚离地时要伸直膝关节。

（5）步幅适当。适当的步幅一般是前脚脚跟与后脚脚尖的距离约为一只脚或一只半脚的长度，跨步时，步伐应稳健、自然，要有节奏感，保持一定的速度。

（6）速度适中。行走速度过快容易给人以浮躁、慌张的印象，过慢则显得没有生气和活力。一般情况下，男士每分钟行走 108 ～ 118 步为宜，女士每分钟行走 118 ～ 120 步为宜。

五、蹲姿

蹲姿不像站姿、行姿、坐姿那样被频繁使用，因此往往被忽视。但在公共场合，当弯腰至 45° 以下时，应采用蹲姿，以保持较好的礼仪姿态。特别是女性在公共场合时，采用蹲姿可避免撅起臀部等不雅姿态。

1. 蹲姿的要求

（1）交叉式蹲姿

在日常生活中用到蹲姿时，女士可采用交叉式蹲姿，下蹲时左脚在前，全脚着地，右脚在后；右膝由后面伸向左侧，右脚跟抬起，脚掌着地；两腿靠紧，合力支撑身体；臀部向下，上身稍前倾。交叉式蹲姿如图 2—13 所示。

图 2—13　交叉式蹲姿

此蹲姿造型优美且不易走光，适用于穿短裙下蹲合影，但因略有难度，练习时应循序渐进，以免因突然的大幅度动作伤及腿部肌肉或关节。

（2）高低式蹲姿

下蹲时左脚在前，右脚稍后，两腿靠紧向下蹲；左脚全脚着地，小腿基本平行于地面，右脚脚跟提起，脚掌着地；右膝低于左膝，右膝内侧靠于左小腿内侧，形成左膝高、右膝低的姿态；臀部向下，基本上以右腿支撑身体。男士采用此蹲姿时两膝可自然分开。高低式蹲姿如图 2—14 所示。

图 2—14　高低式蹲姿

2. 蹲姿的注意事项

（1）下蹲时，应注意不能突然下蹲、离人过近、背对旅客。

（2）下蹲时，两腿合力支撑身体，避免滑倒。

（3）下蹲时，不能出现臀部未蹲下、弯腰翘臀等不雅的姿势。

（4）女士无论采用哪种蹲姿，都要将两腿靠紧，臀部向下。

六、手势

手势是人际沟通时不可缺少的体态语，民航服务人员在工作与人际交往中，应适当地运用手势来辅助语言传情达意。

1. 手势的要求

手势可分为横摆式手势、直臂式手势、曲臂式手势和斜臂式手势四种，其要求见表 2—9。

表 2—9　　手势的要求

手势类型	手势要求	图示
横摆式手势	手臂向外侧横向摆动，指尖指向被引导或指示的方向，适用于指示方向	
直臂式手势	手臂向外侧横向摆动，指尖指向前方，手臂抬至肩高，适用于指示物品所在	
曲臂式手势	手臂弯曲，由体侧向体前摆动，手臂高度在胸以下，适用于请人进门	
斜臂式手势	手臂由上向下斜伸摆动，适用于请人入座	

2. 手势的注意事项

（1）与对方交谈时，忌手势过多，动作过大，手舞足蹈。

（2）谈到自己时，忌用拇指指着自己的鼻尖，而应用手掌轻按自己的左胸。

（3）忌单指指人。

七、鞠躬

鞠躬在日常生活中是一项不可或缺的礼仪，特别是在亚洲的很多国家被广泛使用。航空公司要求民航服务人员在迎送旅客、进行自我介绍或表示歉意时，行鞠躬礼，以示郑重。

1. 鞠躬的要求

鞠躬时，面目表情应自然放松，面带微笑，语言、目光要得体。鞠躬的角度视具体情况作区分：15° 鞠躬用于旅客登机与告别，30° 鞠躬用于自我介绍或表示衷心感谢，45° 鞠躬用于赔礼道歉。

2. 鞠躬的注意事项

在标准站姿的基础上，目视前方，恭候旅客。

（1）15°鞠躬的注意事项

1）准备鞠躬时，注视对方，中腰前倾 15°，后背、颈部挺直。

2）面带微笑，目光略下垂，表示欢迎或欢送。

3）礼毕起身，仍然面带微笑，礼貌地注视对方。

（2）30°鞠躬的注意事项

1）准备鞠躬时，注视对方，中腰前倾 30°，后背、颈部挺直。

2）面带微笑，注视前方 1.5 米的地面，表示谦恭。

3）礼毕起身，仍然面带微笑，礼貌地注视对方。

（3）45°鞠躬的注意事项

1）准备鞠躬时，注视对方，中腰前倾 45°，后背、颈部挺直。

2）面带微笑，注视前方 1 米地面，表示歉意，请求对方原谅。

3）礼毕起身，仍然面带微笑，礼貌地注视对方。

三种鞠躬幅度的差异如图 2—15、图 2—16 所示。

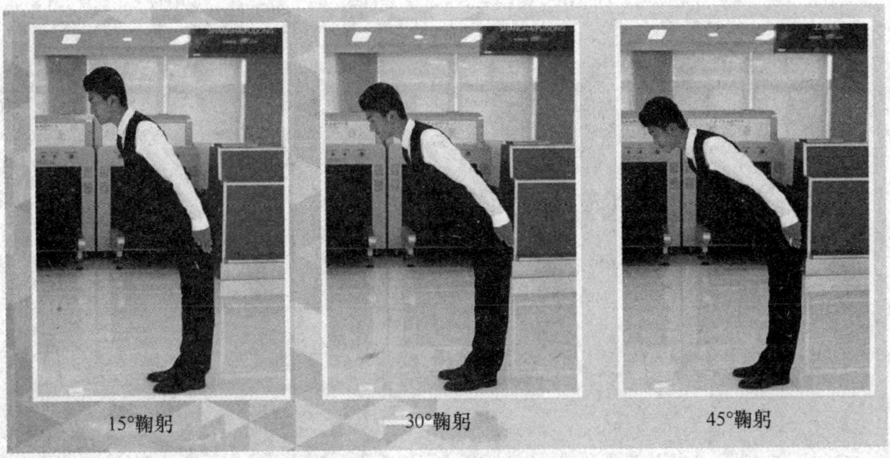

图 2—15　三种鞠躬幅度的差异（男士）

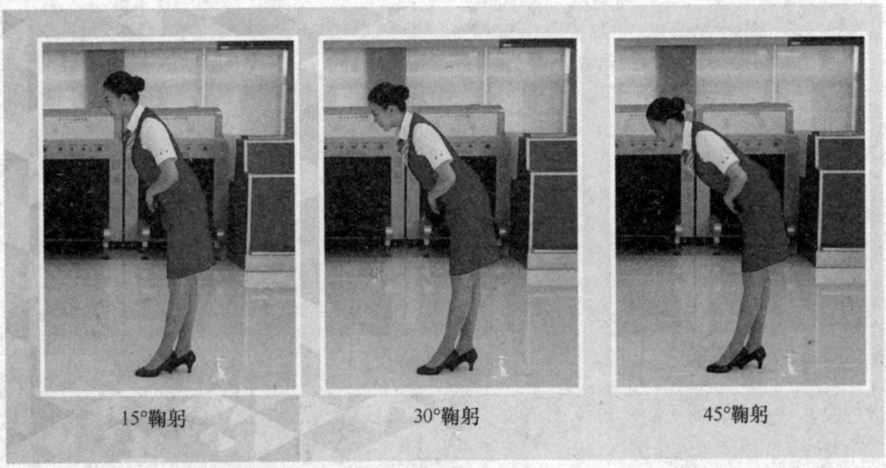

图 2—16　三种鞠躬幅度的差异（女士）

思考与练习

1. 民航服务人员的仪容礼仪包括哪些要点？
2. 简述男性民航服务人员着装礼仪。
3. 民航服务人员的仪态礼仪都包含哪些内容？
4. 简述民航服务人员行姿和蹲姿的注意事项。
5. 为自己设计一个符合民航服务人员仪容仪表要求的形象。

第三章 民航服务人员沟通礼仪

学习目标

- ☞ 掌握民航服务人员的用语礼仪
- ☞ 掌握民航服务人员的沟通技巧
- ☞ 掌握电话用语的礼仪要求和接打电话的礼仪规范

第一节 民航服务人员用语礼仪

案例导入

某航班上，有两位七八十岁的老年人，刚刚由地面工作人员交接给空乘人员孙凌。孙凌带着两位老年人找到座位并妥善安放好行李后，按照服务要求为他们进行机上设备介绍：“先生、女士，你们好！现在我来为您介绍机上常用设备的位置及使用方法，请您仔细听。首先，呼唤铃在您头顶上方的服务面板上，按压即亮；旁边是出风口，旋转开启或关闭；这里是系好安全带指示灯，指示灯亮时需要系好安全带，安全带固定在您座椅上……”两位老年人听着孙凌的介绍，不时迷茫地看着被提到的各种按钮。孙凌介绍完就回到服务间进行其他工作了。然而在起飞前安全检查时，孙凌发现两位老年人均未系好安全带，于是大声说道：“刚才不是教你们了吗，系好安全带呀！”两位老年人窘迫地不知应该做什么，旁边旅客却按亮呼唤铃，要求找乘务长投诉孙凌。

乘务长在听完旅客与孙凌对事件的描述后，重新为两位老人介绍了安全带的使用方法：“大爷、大妈，您看，在您座位上有这么两条带子，找到了吗？把这端金属片，塞进那端的卡扣里，会听到‘咔嗒’一声，听见了吗？这样就是扣好了，您试试……”随后又告知两位老年人其他注意事项，并向周围几位旅客就孙凌的服务态度致歉。但孙凌仍然很委屈，不知道自己错在哪里。

思考：如果你是孙凌，你能知道自己错在哪里吗？想一想，民航服务人员在用语礼仪中有哪些需要注意的细节和要点？

语言是服务交流中的沟通手段，具有不可替代的重要作用。民航服务人员如果想通过语言达到服务交流的预期目的，除了表达的词义要准确外，还应以“礼”取胜。民航服务人员在其工作岗位上所使用的礼貌用语，主要是指在服务过程中表示服务人员自谦或恭敬之意的一些约定俗成的语言及其特定的表达形式。

一、民航服务人员的用语特点

1. 礼貌性

民航服务人员用语的礼貌性主要体现在服务人员使用的敬语上。敬语的最大特点是彬彬有礼、热情庄重。使用敬语能表示出民航服务人员对旅客的尊敬，给人以礼貌的感觉。在服务过程中，民航服务人员必须常用、多用敬语，即使在旅客礼貌不周的情况下也必须使用，不能感情用事、用语不当，这是民航服务礼仪的一项重要规范。

2. 约定性

民航服务人员常用的礼貌用语往往都是约定俗成、沿用已久的。在使用时，民航服务人员应完全遵从礼貌用语的固定性说法，不能随意发挥，或者另辟蹊径，不然就难以得到认同，无法发挥其功效。

3. 主动性

在工作中使用礼貌用语，须成为广大民航服务人员自觉的行动。民航服务人员在与旅客进行沟通交流时，应主动使用礼貌用语。

二、民航服务人员的用语规范

1. 民航服务人员的口头用语规范

（1）称呼用语

恰当地使用称呼用语，既能够表现出其使用者良好的文化素养和待人处世的实际态度，又能够令人产生高雅、温和及脱俗之感。

1）区分对象。使用称呼语时，应根据不同的对象进行区分：一是泛尊称，如先生、女士；二是职业加泛尊称，如司机先生、秘书小姐；三是姓氏加职务或职称，如王经理、蔡主任、李教授。

2）照顾习惯。实际工作中称呼旅客时，必须对对方的语言习惯、文化层次、地方风俗等各种因素加以考虑，区别对待。

3）分清主次。在称呼多位旅客时，既可以先长后幼、先女后男、先上后下、先疏后亲，也可以由近而远，即先称呼位置接近自己者。

（2）问候用语

问候用语主要适用于人们在公共场合相见之初，彼此向对方询问安好，表达关切之意。

1）标准式问候用语。在问候之前，加上适当的人称代词或其他尊称，如“您好”“各位好”等。

2）时效式问候用语。在问候之前，加上具体的时间，或在两者之前再加上尊称，如“早上好”“两位女士，晚上好”等。

（3）请托用语

请托用语通常是指在请求他人帮忙或托付他人代劳时，照例所应当使用的专项用语。

1）标准式请托用语。标准式请托用语句子要用“请”开始，如“请稍等”“请跟我来”等。

2）求助式请托用语。常用的求助式请托用语有“劳驾”“拜托”“打扰了”“请多关照”等。

3）组合式请托用语。组合式请托用语是前两种形式的综合运用，如“打扰了，请帮我照看一下”。

（4）致谢用语

致谢用语又叫道谢用语。在人际交往中使用致谢用语，意在表达自己的感激之意。适当地运用致谢用语，可以使自己的心意为他人所领受，而且可以展示自身的修养。

（5）迎送用语

迎送用语主要适用于民航服务人员在自己的工作岗位上欢迎或送别旅客。

1）欢迎用语，如“欢迎光临”“欢迎您乘坐 ×× 航班”等。

2）送别用语，如“请走好”“欢迎下次乘坐 ×× 航班，再见”等。

（6）征询用语

在服务过程中，民航服务人员往往需要用语言主动向旅客进行征询，此时，只有使用必要的礼貌用语，才会取得良好的反馈。在主动提供服务时、了解对方需求时、给予对方选择时（如“先生，请问您喝咖啡还是喝茶”）、启发对方思路时、征求对方意见时，一般会采用征询用语。

（7）应答用语

应答用语是指民航服务人员用来回应旅客的召唤，或是在答复其询问之时所使用的专门用语。

1）肯定式应答用语。肯定式应答用语主要用来答复旅客的请求。一般不允许对旅客说“不”，更不允许对其置之不理，如“好的”“我明白您的意思”等。

2）谦恭式应答用语。当旅客对民航服务人员提供的服务表示满意时，或是直接对民航服务人员进行口头表扬、感谢时，宜用此类应答用语，如“这是我的荣幸，请不必客气”“这是我们应该做的，您过奖了”等。

3）谅解式应答用语。在旅客因故向民航服务人员表示歉意时，民航服务人员应及时予以接受，并表示必要的谅解，此时宜用谅解式应答用语，如“不要紧”“我不会介意的”等。

(8）推托用语

拒绝他人的要求时所惯用的语言，称为推托用语。在民航服务过程中，服务人员经常会遇到难以满足旅客某些要求的情况，此时就要使用推托用语。

1）道歉式推托用语。当旅客的要求难以被立即满足时，不妨直接使用道歉式推托用语，向对方表示自己的歉疚之意，以求谅解。

2）转移式推托用语。不纠缠于旅客所提出的某一具体问题，而是使用转移式推托用语，主动提出另外一件事情，以转移对方的注意力。

3）解释式推托用语。使用解释式推托用语，向旅客说明具体的缘由，尽可能地让对方觉得自己的推托合情合理。

(9）致谢用语

民航服务人员在获得他人帮助、得到他人支持、赢得他人理解、感到他人善意、婉言谢绝他人、受到他人赞美时，要使用致谢用语。致谢用语主要用两种：一是标准式致谢用语，如“谢谢”等；二是加强式致谢用语，如“万分感谢”“多谢”等。

(10）禁忌用语

1）“不”。“不”不仅是对旅客的不礼貌，更是民航服务人员或民航企业不合作的表现。简单、明确的“不”拒绝了旅客的要求，也拒绝了个人或企业的发展机会。

2）“不知道”。“不知道”不仅是不礼貌，更反映出民航服务人员的不敬业。在无法解答旅客的问题时，可以请相关负责人员进行解答，而不能用“不知道”直接拒绝旅客。

3）“这不是我们的责任”。“这不是我们的责任……”“我们规定……”“你不懂……”以及“我以为”等都是辩解口头语，这样的口头语不仅是对旅客的不尊重，更会让旅客不满，甚至愤怒。

4）“没看见我正在忙吗”。“没看见我正在忙吗”等话语会延长旅客的服务等待时间，容易引起旅客的愤怒，甚至导致服务危机。

2. 民航服务人员的书面用语规范

民航服务人员在工作的过程中，书面用语的使用频率较低，多出现在信件、贺卡等处。正确使用书面用语，可恰当地表达书写者的意图与情绪，避免出现不必要的误会。

使用书面用语时，应注意措辞准确、文明礼貌，不应出现错别字或粗话、脏话及方言等；应内容简明、言简意赅、要点明确；如果不是递送给外宾的信件或贺卡，应慎用外语。

三、民航服务人员的交谈技巧

在学习了正确的用语礼仪要求以后，民航服务人员还应注意提升自己的语言表达能力，掌握一些实用的交谈技巧。

1. 使用准确、文明礼貌的语言

民航服务人员在交谈中，要重视语言的运用，力求做到准确、礼貌。语言准确是指发音准确、语速适中、语气亲和、内容简洁。如果语言运用不准确，不仅会影响双方的交谈，还会产生误会，造成隔膜。语言文明礼貌是指要运用那些约定俗成的表示谦虚恭敬的专门用语。如果语言不文明、不礼貌，甚至使用粗言秽语，不但不利于交谈、交往，而且会显得没有教养，品位不高，进而影响航空公司的形象。

2. 使用幽默机智的语言

幽默是智慧与知识的综合体。语言的幽默机智不只是言谈技巧的问题，还是一个人智慧、胸怀、性格等的综合体现。因此，要做到语言幽默机智，关键在于用知识充实自己。

3. 学会倾听

古语道：“愚者善言，智者善听”，一个好的说话者也会是一个好的倾听者。民航服务人员在倾听时，要目视对方、全神贯注，以微笑、点头表示支持、肯定；以“嗯”或“是”，表示自己在认真倾听；在对方需要理解、支持时，应以“对”“没错”“真是这么一回事”“我有同感”等语句加以呼应。

4. 善用委婉语

民航服务人员在交谈中要时时注意使用委婉语，即说话留有余地，以利于工作。使用委婉语不仅是礼仪的要求，也是服务行业的职业要求。善用委婉语要求民航服务人员在准确表达的前提下，用语含蓄委婉，让对方在被拒绝的同时也能够感受到尊重。

5. 丰富词汇

语言是一门应用的艺术，民航服务人员平时要多阅读书报，多留意听取良师益友的精辟言辞，关注广播、电视、戏剧中的精彩对白和演讲，学习新的词汇和概念，并有意识地运用。

6. 善于提出问题，适时转移话题

提问是引导话题、转换话题的好方法，民航服务人员通过发问可以了解自己不熟悉的情况，把对方的思路引到某个要点上，万一交谈时出现冷场，可转移旧话题，引出新话题。

7. 注意交谈的原则

（1）交谈中不要一个人滔滔不绝，要多给对方发言的机会。

（2）他人讲话时，尽量不要在中途打断，如果确需发表个人意见或进行补充，应待对方把话讲完。

（3）在一般性的交谈中，应允许各抒己见，有不同意见，可以委婉提出，切不可与人争得面红耳赤。

（4）在交谈中，要认真聆听他人的意见，只要对方所说无关大是大非，一般不宜当面否定。

第二节　民航服务人员电话礼仪

案例导入

张冉是某航空公司旅客咨询与投诉中心的话务员，每天需要通过电话为成百上千的旅客解答疑问或处理投诉。今天，她接到了一通来自南方某地旅客的电话，但由于该旅客只会讲方言，并不会说普通话，而张冉又听不懂方言。于是，旅客

一遍一遍地描述事情的经过，张冉一点点反问和猜测，终于，旅客不耐烦地挂断了电话。

思考：如果你是张冉，你会如何处理该旅客的电话？

在民航服务工作中，不仅要求服务人员熟练地掌握使用电话的技巧，还要自觉维护自己的“电话形象”，讲究使用电话的礼仪。在打电话、接电话以及使用移动通信工具时，做到知礼、守礼、以礼待人。

一、民航服务人员电话用语的礼仪要求

在电话传输的信号中包含着许多信息：讲话者想做什么，是高兴还是愤怒等，听者都可以清晰地感知到，这些都取决于电话中的语言与声调。因此，电话用语要求态度礼貌友善、信息传递简洁、语速语调适中。

1. 态度礼貌友善

每一次通话，都是民航服务人员在旅客面前的一次“亮相”，应给予重视。在通话时，要多用肯定语，少用否定语，酌情使用模糊用语，多用致歉用语和请托用语，少用傲慢、生硬的语言。礼貌的语言、柔和的声音往往会给旅客留下亲切之感。

2. 信息传递简洁

电话用语要言简意赅。在通话时，最忌讳吞吞吐吐、含糊不清、东拉西扯，正确的做法是问候完毕，立即开门见山，直言主题，少讲空话、废话。

3. 语速语调适中

在通话中，应当保持语速适中、语气温和，民航服务人员充满魅力的声音容易使对方产生愉悦感。语速太快，对方会听不清楚，显得应付了事；语速太慢，对方会不耐烦，显得慵懒拖沓。语调太高，对方听得刺耳，给人不柔和之感；语调太低，对方听得费力，给人有气无力之感。

二、民航服务人员接听电话的礼仪规范

1. 迅速接听电话

接电话时，首先应做到迅速，力争在铃响三声之前就拿起话筒，电话铃响过三声后才做出反应，会使对方焦急不安或不愉快。如果铃响三声之后才接起话筒，应向对方致

歉："对不起，让您久等了"。

2. 问候并报单位名称

通话开始时要先问候，然后要报出企业或部门的名称，如"您好，×× 航空公司"。如有需要，还可表达愿意为对方效劳的意愿，如"您好，×× 航空公司服务台，很高兴为您服务"。

3. 认真对话

在通话过程中，应当根据具体情况适时选择运用"谢谢""谢谢您的信任""请问您还有其他需要吗""对不起"一类的礼貌用语。

4. 耐心转告

认真聆听，弄清来电话的目的、内容。每通电话都重要，不可敷衍了事，要尽可能问清事由，委婉地探求对方来电的目的，如自己无法处理，也应认真记录下来并转给相关部门或相关人员进行处理，避免误事。

5. 认真清楚地记录

接电话时，最好是左手拿话筒，这样做是为了便于右手记录或查阅资料。电话记录要简洁、完备。在记录时，应牢记"5W1H"技巧，即详细记下"何时（When）、何人（Who）、何地（Where）、何事（What）、为什么（Why）、如何进行（How）"等内容，并保留相关资料。认真做好记录，对于接电话或者打电话具有相同的重要性。

6. 礼貌告别

如果主动结束通话，一般应征求对方意见，如"您看这样可以吗""您还有其他问题要处理吗"，如果对方同意挂断，则轻缓地挂上电话。

三、民航服务人员拨打电话的礼仪规范

1. 选择恰当的时间

有三个时段不宜打电话给他人，工作日早上 7 点以前或节假日早上 9 点以前、三餐时间或午休时间、晚上 10 点以后。办公电话宜在上班时间 10 分钟以后和下班时间 10 分钟以前拨打。电话交谈所持续的时间也不宜过长，一般以 3 ~ 5 分钟为宜。尤其是服务电话，不可过久占线，更不可将服务电话当成聊天工具。

2. 认真准备

通话之前，应该核对对方的电话号码、受话人姓名或单位名称，并做好打电话前的准备，如通话内容、相关资料、记录本等。

3. 确定对方单位和身份

电话接通后，必须先问候、确定对方的身份或单位名称，再主动自报家门，然后再告知自己要找的通话对象以及相关事宜。

4. 有礼貌地通话

通话内容表达要尽量简洁明了，注意控制时间，一次电话的通话时间一般控制在3～5分钟为宜。

5. 有礼貌地结束通话

结束通话一般由拨打电话的一方提出，接听方应客气地道别，说一声“再见”。

四、民航服务人员电话规范用语

1. 旅客来电查询航班但不要求预订时的规范用语

（1）您好，请问有什么可以帮您？

（2）请问您的常旅客编号或者会员卡号是多少？

（3）请问是×××先生/女士吗？请问您哪天出发？

（4）请问您要查询的是××月××日，××到××的单程航班吗？

（5）请稍等，马上为您查询。

（6）非常抱歉让您久等了！

（7）您看可以吗？

（8）请问是否要帮您先预订一下座位呢？

（9）请问其他还有什么可以帮您的吗？

（10）不客气，感谢来电/欢迎您再次来电，再见！

2. 旅客来电查询航班暂缓出票时的规范用语

（1）您好，请问有什么可以帮您？

（2）请问您的常旅客编号或者会员卡号是多少？

（3）请问您的行程和出发日期？请问是×××先生/女士吗？请问您要查询的是

××月××日，××到××的单程航班吗？

（4）请问您要查询的是××到××的往返机票，××月××日去，××月××日回吗？

（5）非常抱歉，让您久等了，为您查询到的是××点，由××航空公司执飞，×折票价含税××元，可以吗？

（6）请问是否需要帮您先预订一下座位呢？

（7）请问您预订的就是这个航班吗？

（8）请问一共几位旅客？

（9）请问您的姓名是什么？

（10）请问您的姓名怎么写？

（11）请问您用什么证件登机？

（12）请问您身份证号码是多少？

（13）跟您核对一遍身份证号码，请问是××××××××××××××××××吗？

（14）请问乘机人护照号码、国籍、出生日期分别是什么？

（15）请问是否需要购买×元一份的保险？

（16）机票目前为您预订成功了，稍后系统会自动发送短信给您确认，请您仔细核对。

（17）请问是为您上门送票？还是您来取票呢？

（18）请问送票地址具体是哪里？

（19）请您告知收票联系人姓名和联系电话。

（20）最后跟您核对一下您的行程。您预订的是××到××，××月××日××点的航班，票价含税×××元，航班的退改签条件是××××××。两位旅客的姓名是×××和×××。现在只是为您暂预订座位，请您尽快通知我们出票，以免您的座位被航空公司取消。

（21）请问其他有什么可以帮您的吗？

（22）不客气，感谢您的预订，欢迎您再次来电，再见！

3. 旅客来电查询航班后立即出票时的规范用语

（1）为您查一下订单。请问乘机人姓名是？

（2）请稍等！

（3）非常抱歉让您久等了。

（4）由于航空公司座位紧张，您原订座位已被航空公司取消了。

（5）请问需要改订航班吗？

（6）我们将在 × 点到 × 点之间为您送到，您看可以吗？

（7）请您稍等，不要挂机，为您确认这个时间是否可以送到。

（8）非常抱歉让您久等了，这个机票可以按时给您送到，请问您怎么支付票款？

（9）最后跟您核对一下您的信息（将旅客所有信息最后核对一遍，并请旅客口头确认），如果没有什么问题就直接帮您出票并安排送票了。

（10）希望您保持手机通畅，快递员如果到达找不到地址会直接拨打联系人的手机的。

（11）请问其他还有什么可以帮您的吗？

（12）不客气，感谢您的预订，祝您旅途愉快，再见！

4. 旅客来电通知修改暂缓出票订单时的规范用语

（1）您好，请问有什么可以帮您？

（2）请问您乘机人姓名 / 航班号 / 出发日期 / 会员卡号 / 用户名 / 订单号？我为您查询订单。

（3）为您更改的航班是 ×× 到 ××，×× 月 ×× 日 ×× 点由 ×× 航空公司执飞，× 折票价含税 ××× 元。

（4）请问现在是否为您直接出票并送票呢？

（5）请您告知收票联系人姓名和联系电话。请问机票为您送到什么地址呢？请问什么时间段送到，您比较方便呢？

（6）感谢您的预订，祝您旅途愉快！再见！

5. 旅客来电改期时的规范用语

（1）您好，××× 先生 / 女士，请问有什么可以帮您？

（2）请问您的会员卡号是多少？

（3）请问是 ××× 先生 / 女士吗？请问是否是 ××× 先生 / 女士的 ×× 到 ××，×× 月 ×× 日 ×× 点由 ×× 航空公司执飞，票价含税总共 ××× 元的机票？

（4）请稍等！

（5）非常抱歉让您久等了！

（6）为您查询了一下，×× 月 ×× 日 ×× 到 ×× 最低折扣是 ×× 折。

6. 旅客来电要求修改不影响行程的信息时的规范用语

（1）请问您是 ××× 先生 / 女士吗？请稍等！

（2）请问是否是 ××× 先生 / 女士的 ×× 到 ××，×× 月 ×× 日 ×× 点，由 ×× 航空公司执飞，票价总共 ××× 元的机票？

（3）非常抱歉，您之前的订单已经出票了，如果修改行程，要支付相应的退票费。

（4）稍后会由专门处理退票的工作人员给您回电，现在我为您重新订一张机票。

7. 旅客来电要求退票时的规范用语

（1）您好，请问有什么可以帮您？

（2）非常抱歉，让您久等了！请问是否是 ××× 先生 / 女士的 ×× 到 ××，×× 月 ×× 日 ×× 点由 ×× 航空公司执飞，票价总共 ××× 元的机票？

（3）非常抱歉，由于您的机票已经出票，所以如果要修改的话，只能改签或退票后重新购买。

（4）订单确认已为您出票，请问是否重新为您预订呢？

（5）我们稍后会有专门处理退票的人员联系您，此新订单我就直接为您出票了。

（6）感谢您的预订，祝您旅途愉快！再见！

（7）这里为您查询到您预订的新订单 ×××，请问是否送票时为您一起办理退票呢？

（8）您之前预订的机票还没有出票，就直接为您取消了，请问需要重新为您预订吗？

（9）感谢您的预订，欢迎您再次来电！再见！

8. 旅客来电要求改签时的规范用语

（1）您好，请问有什么可以帮您？

（2）非常抱歉让您久等了，请问是否是 ××× 先生 / 女士的 ×× 到 ××，×× 月 ×× 日 ×× 点由 ×× 航空公司执飞，票价总共 ××× 元的机票？

（3）非常抱歉，由于您的机票已经出票了，所以如果要修改的话，只能改签或退票后重新购买。

（4）您预订的航班的退改签条件是 ××××××，现在退票 / 改签是收取 ×× 元的费用。请问需要改签至什么时间？

9. 旅客来电要求投诉时的规范用语

（1）您好，请问有什么可以帮您？

（2）非常抱歉，我们给您带来了不便，请问您对我们哪项服务感到不满意？

（3）非常抱歉，我非常理解您现在的心情。

（4）您看，由于这件事情需要和航空公司 / 酒店 / 其他部门协商，我们先了解清楚当时的情况，再看有什么方法可以为您解决这件事情。稍后给您回电，您看可以吗？

（5）非常抱歉，您的要求已经超出了我可以承诺的权限范围了，我去请示一下领导，稍后给您回电，您看可以吗？

（6）请问您还有其他问题吗？

（7）感谢您提出的宝贵意见和建议，如果您还有其他问题，请随时致电呼叫中心。非常感谢您的来电！再见！

五、民航服务人员电话禁忌语

（1）讲话！说话啊！

（2）你听明白了吗？

（3）大声点，听不清！再讲一遍，我没听清！

（4）不知道！不管！你问我，我问谁！

（5）我没办法！不是告诉你了吗？怎么还问？

（6）没看到我在忙吗！讨厌！我没工夫！

（7）我就这态度！你找领导去呀！

（8）你怎么这么多毛病！

（9）怎么连基本常识都不懂！自己看着办！

（10）我不是为你一个人服务的！

知识链接

一、旅客来电查询航班但不要求预订时需要注意的事项

1. 在接电话的过程中，绝不可以出现“喂”，统一用“您好”替代。

2. 询问问题时一定要加“请问”并用升调语气询问。

3. 特别注意询问出发日期时必须和旅客确认具体的 ×× 月 ×× 日，避免出现心口不一或误认为的情况，而导致差错。

4. 让旅客等待时间超过 30 秒，一定要加上“非常抱歉让您久等了”。

5. 报航班信息必须包含的内容有：出发日期及时间、航空公司、含税价格。

二、旅客来电查询航班并暂缓出票时需要注意的事项

1. 旅客确认航班后，一定要和旅客再次确认必要信息以免误解旅客的意思。

2. 如果旅客预订的是暂缓订单，一定要告知旅客“现在只是为您预订座位，请您尽快通知我们出票，以免您的座位被航空公司取消”。

3. 等旅客挂断后再挂断电话。

思考与练习

1. 民航服务人员沟通用语有哪些特点？

2. 民航服务人员与旅客交谈时应注意哪些问题？

3. 简述民航服务人员电话用语的礼仪要求。

第四章 民航服务人员社交礼仪

学习目标

☞ 掌握民航服务人员的称呼、介绍与名片礼仪规范

☞ 掌握民航服务人员的接待礼仪规范

☞ 掌握民航服务人员涉外礼仪的基本原则和注意事项

第一节　民航服务人员见面礼仪

案例导入

在泰国飞往中国的航班上，两位第一次前往中国的泰国旅客刚上飞机，就受到了空乘人员的热情接待，空乘人员面带微笑，很热情地向她们行双手合十礼，并用泰语向她们问好。在飞行的过程中，空乘人员又热情地为她们提供了相应的服务。泰国旅客临下飞机前就在旅客留言簿上写下了：“×× 航空公司是最热情友好的航空公司，中国空姐是最热情友好的空姐。”为此，该空乘组得到航空公司的嘉奖。

思考：当班空乘人员为什么能够得到旅客的点名表扬呢？空乘人员在与旅客见面时都需要注意哪些细节呢？

一、称呼礼仪

人和人之间见面都要打招呼，选择正确、适当的称谓，能够反映一个人自身的修养和对对方的尊重程度，以及双方关系的远近亲疏和社会的文明程度。在选择合乎常规的称呼时，首先要考虑到对方的个人习惯和感受，做到入乡随俗。在客舱服务等正式场合，人们之间的称呼是有其特殊性的，要庄重、正式和规范。称呼分为职务性称呼、职称性称呼、行业性称呼、性别性称呼和姓名称呼五种。

1. 职务性称呼

职务性称呼以职务相称，以示身份有别、敬意有加，这是一种最常见的称呼。职务性称呼就高不就低，在客舱服务中有三种情况：称职务、在职务前加上姓氏、在职务前加上姓名。对职务高的官方人士（一般为部长以上的高级官员），按国家情况可称 ×× 阁下、×× 部长等。

2. 职称性称呼

对于有专业技术职称的人，一般情况可直接以其职称相称，这种称呼称为职称性称呼，如教授、律师、工程师等，也可在职称前加上姓氏或姓名进行称呼，如王律师、张进教授等。

3. 行业性称呼

对于从事特定行业的人，有时可按其所从事的行业进行称呼。对于从事某些特定行业的人，可以直接以职业作为称呼。例如，对职业为医生、法官的人士，均可单独称医生、法官，同时可以加上姓氏或者姓名，如刘医生、于法官等，也可在职业后加上先生，如法官先生等。

4. 性别性称呼

对客服务中在以性别进行称呼时，应注意措辞选择，避免使用易出现误会的词语。对男性旅客可称呼为“先生”，而称呼女性旅客时最好使用“女士”，也可加上姓氏，如李先生、唐女士等。

5. 姓名性称呼

直接使用姓名称呼，多在熟人或朋友之间，表示较高的亲密度，但因其缺乏一定的尊重性，应避免出现于服务工作中。

二、介绍礼仪

介绍是使双方相互认识、建立关系的一种最初的礼节形式。介绍可以缩短人与人之间的距离，促使人与人之间更好地沟通和更深入地了解。从民航服务人员礼仪的角度来讲，介绍可以分为自我介绍和介绍他人两类。

1. 自我介绍

自我介绍是交际场合常用的一种介绍方式，有时会使用一些手势作为辅助，如图4—1所示。在社交场合中，如果想结识某些人或某个人，而又无人引见时，在条件允许的情况下，即可向对方自报家门，将自己介绍给对方；如果有介绍人在场，自我介绍则被视为不礼貌的行为。

(1) 自我介绍的时机

一般来说，在对方比较专注、没有外人在场时，或周围环境比较幽静，比较适合进

图 4—1　自我介绍

行自我介绍。

（2）自我介绍的形式

1）寒暄式自我介绍。寒暄式自我介绍又叫应酬式自我介绍，初次见面不得不做介绍，但又不想和对方深谈，或是面对泛泛之交时，都可以用此方式来进行自我介绍，此时只介绍自己的姓名即可。

2）公务式自我介绍。公务式自我介绍就是在工作之中或正式场合所做的介绍。公务式自我介绍包括四个基本要素：单位、部门、职务、姓名，如“你好，我是 ×× 航空公司的客户服务部经理，我叫张 ×”，一般还可以顺势递上自己的名片。

3）社交式自我介绍。社交式自我介绍适用于社交活动，是想跟别人交朋友、想了解对方情况时的自我介绍。社交式自我介绍的内容包括自己的姓名、职业、籍贯、爱好，以及与对方共同的熟人等。其主要目的是拉近双方的距离，为双方进一步展开话题打下基础。

4）仪式式自我介绍。仪式式自我介绍适用于讲座、报告、庆典等一些正规而隆重的场合。仪式式自我介绍的内容包括姓名、单位、职务等，同时还应加一些适当的谦辞、敬辞，如“各位来宾，大家好！我是 ×× 航空公司的客户服务部经理，我叫张 ×。我代表本公司热烈欢迎大家光临我们的客户交流会议”。

5）问答式自我介绍。问答式自我介绍适用于应试、应聘和公务交往。问答式自我介绍应该是有问必答的，即问什么就答什么，如“先生，你好！请问你怎么称呼？”“你好，我叫赵 ×。”

(3) 自我介绍的顺序

一般的自我介绍规则是，主人和客人在一起时，主人先做自我介绍；长辈和晚辈在一起时，晚辈先做自我介绍；男士和女士在一起时，男士先做自我介绍；地位低的人和地位高的人在一起时，地位低的人先做自我介绍。

2. 介绍他人

(1) 介绍他人的手势

介绍他人的手势是手掌向上，五指并拢，伸向被介绍者，不能用手指点对方，如图4—2所示。被介绍时，被介绍者应起立、微笑或握手、点头。

图4—2　介绍他人的手势

(2) 介绍他人的顺序

介绍他人时应遵循尊者有优先了解权的原则，要先介绍身份较低的一方，然后再介绍身份较高的一方。即先介绍主人，后介绍客人；先介绍职务低者，后介绍职务高者；先介绍男士，后介绍女士；先介绍晚辈，后介绍长辈；先介绍个人，后介绍集体。如果介绍对象双方的年龄、职务相当，异性就要遵从“女士优先”的原则，即把男士介绍给女士；对于同性，可以根据实际情况灵活掌握，如把和自己熟悉的介绍给和自己不熟悉的。介绍多人时，可按职务的高低依次介绍，也可以从左至右或从右至左进行介绍。

(3) 介绍他人时的表达方式

介绍他人认识时，介绍者既可以只介绍双方的姓名，也可以将双方的姓名、工作单位、所属部门、具体职务一并予以介绍。前者稍显随便，后者则比较正规。不论如何进行介绍，双方介绍的内容应基本对称，大体相似。切勿只介绍一方，而忘记介绍另一方；或者在介绍一方时非常详细，而在介绍另一方时则过于简单。

(4) 介绍他人时的注意事项

1）介绍者为被介绍者介绍之前，一定要征求被介绍双方的意见，切勿上去开口即讲，显得很唐突，会让被介绍者措手不及。

2）被介绍者在介绍者询问自己是否有意认识某人时，一般不应拒绝，而应欣然应允，实在不愿意时，则应说明理由。

3）介绍者和被介绍者都应起立，以示尊重和礼貌；待介绍者介绍完毕后，被介绍双方应微笑点头示意或握手致意。

4）在宴会桌、会议桌或谈判桌上，视情况介绍者和被介绍者可不必起立，被介绍双方可点头微笑致意；如果被介绍双方相隔较远，中间又有障碍物时，可举起右手并点头微笑致意。

5）介绍完毕后，被介绍双方应依照合乎礼仪的顺序握手，并且彼此问候对方。问候语有“你好”“很高兴认识你”“久仰大名”“幸会幸会”等，必要时还可以进一步做自我介绍。

三、名片礼仪

随着社会的发展，名片越来越受到人们的重视。使用名片交往时存在一定的礼仪规范，民航服务人员应主要掌握交换名片、索要名片和拒绝递送名片的礼仪。

1. 交换名片的礼仪

(1) 呈送名片的礼仪

呈送名片已成为人际交往、公关活动中的一种重要手段。呈送名片可以使对方认识自己，有事时可以相互联系。当然，名片除了有介绍个人的意义外，还是本人所在单位的形象缩影。

呈送名片时，应注意起身或欠身，将名片的正面朝向接受方，双手或右手呈递，目光正视对方，同时附以“请多关照”“请多指教”“以后多联系”等寒暄语。呈送名片如图 4—3 所示。

图 4—3　呈送名片

民航服务中呈送名片礼仪的要求为：上身略向前倾，眼睛注视旅客手部，将名片文字正向对方，双手递送，注意轻拿轻放，如图 4—4 所示。如需旅客签名，应把笔帽打开，用左手的拇指、食指和中指轻握笔杆，笔尖朝向自己，递至旅客的右手（或左手，视旅客书写习惯而定）中。

图 4—4　民航服务中呈送名片

(2) 接受名片的礼仪

1）态度谦和。当他人主动将名片递给自己时，一定要表现出自己的恭敬、重视之意。接受他人名片时，不论多忙，都要暂停手中的一切事情，面带微笑，站立相迎，双手或用右手接过名片。

2）认真阅读。接过对方的名片后，应先向对方致谢，然后用一点时间将其从头到尾快速读一遍。如果对对方名片上的内容有不明之处，可当场请教对方。

3）精心存放。接到他人名片后，切勿将其随意乱丢乱放、乱揉乱折，而应该当着对方的面将其谨慎地置于自己的名片夹、公文包、办公桌或上衣口袋之内，并且应与自己的名片分开放置。

4）有来有往。接受了他人的名片后，一般应当立即回给对方一张自己的名片。在交换名片时，可以右手递自己的名片，左手接拿对方名片。不要无意识地摆弄对方的名片，不要当场在对方名片上写字。另外，接受他人名片之后不递上自己的名片，是非常失礼的。没有名片、名片用完了或者忘记带名片时，应向对方做出合理解释并致以歉意，切忌毫无反应。如果名片用完，也可以在干净的纸上写下个人资料，同时给对方以合理的解释并致歉。

2. 索要名片的礼仪

依照惯例，最好不要直接开口向他人索要名片，但如果想主动结识对方或者有其他原因有必要索取对方名片时，可看准时机采取以下方法。

（1）互换法

互换法即以名片换名片。在主动递上自己的名片后，对方按常理会回给一张他的名片。如果担心对方不回送，可在递上名片时明言此意："能否有幸与您交换一下名片？"

（2）暗示法

暗示法即用含蓄的语言暗示对方。例如，向尊长索要名片时可以说："请问今后如何向您请教？"向平辈或晚辈表达此意时可以说："请问今后怎样与你联络？"

3. 拒绝递送名片的礼仪

面对他人索取名片时，不应直接加以拒绝。如果确有必要这么做，则需要注意分寸，最好向对方表示自己的名片刚用完，或者说自己忘记带名片。但如果自己手里正拿着名片或刚与他人交换过名片，则不宜这么说。

第二节 民航服务人员接待礼仪

案例导入

在一个秋高气爽的日子里，某机场贵宾休息室服务专员贺洁穿着一身剪裁得体的新制服，第一次独立走上了迎宾员的岗位。只见一辆白色高级轿车向出发大厅驶来，司机熟练而准确地将车停靠在门边。贺洁看到后排坐着两位男士，前排副驾驶座上坐着一位身材较高的外国女士。贺洁立刻迎上前去，以优雅姿态和职业性动作，先为后排客人打开车门，做好护顶，关好车门后，贺洁迅速走向前门，准备以同样的礼仪迎接女士下车，但那位女士满脸不悦，贺洁顿时不知所措。

思考：贺洁的行为中存在什么问题吗？为什么外籍女宾表现出不悦？贺洁应该怎么做？

民航服务人员的工作环境决定了其经常需要与各个国家、各种类型的旅客接触，因此必须掌握专业的接待礼仪。本节所讲的接待礼仪主要是指对机场贵宾休息室旅客的接待礼仪。

一、接待的原则

1. 热情礼貌

民航服务人员的形象直接影响着旅客对航空公司的印象。因此，在接待时，要做到热情礼貌、周到大方、平等对待，主动为前来的旅客提供各种必要的服务。

2. 细致周到

不论在哪个接待环节，民航服务人员都需要认真、细致、耐心。例如，旅客到来时，民航服务人员应主动迎上、微笑问候，仔细询问对方需求；对于初次使用贵宾休息室的旅客，应主动引路，在旅客离开时应提醒对方是否遗漏物品；在计划性接待工作中，要拟写出详细的接待方案，明确个人任务，注意检查督促；接待的旅客是VIP或航空公司高级会员客户时，则应按照重要旅客服务标准进行接待：提前明确旅客的姓名、性别、出行目的、同行人数及个人喜好等细节要点，全程使用“姓氏尊称＋职称”服务，并将旅客需求交接给每一个环节的接待服务人员，避免遗漏。

3. 合理保密

在接待旅客的过程中，要注意合理保密。既要体现热情友好的合作态度，又要注意安全信息管理，做到该说的一字不少，不该说的一字不多。

4. 尊重个人

注重以人为本，尊重旅客的个人意愿和隐私。充分考虑各国国情及生活习惯，结合国际通行礼仪及宗教信仰等相关知识，举止措辞合理有度，不过分亲近或讨好。

二、接待的过程

1. 接待准备

（1）环境准备

环境包括空气、光线、温度、声音、色彩、设备、布置、氛围等，应根据机场或航空公司管理规定及服务标准，结合旅客身份、职务、个性需求等细节信息，做好贵宾休息室内具体环境准备。

（2）物质准备

应准备桌椅、衣帽架、资料架，备好茶饮、电话，有关资料摆放到位。

（3）心理准备

民航服务人员应该有一颗热诚的心，体谅对方，热情有礼，和蔼可亲。

（4）形象准备

服务人员的仪容、仪表、仪态等应符合民航服务人员的礼仪要求。

2. 亲切迎客

亲切迎客要求民航服务人员放下手头工作，主动迎上，与旅客目光相接，微笑问候，热情接待。民航服务人员经常遇到的旅客类型包括预约旅客、未预约旅客和来访团组。

对预约旅客，有所准备，记住姓名，让旅客感到被重视、被期待；对未预约旅客，热情友好，询问来意，依具体情况判断应对方法；对来访团组——充分准备，热情迎候，并根据拟定好的接待方案逐项落实。

知识链接

接待“三声”与“三到”

一、“三声”

来有迎声：“您好！”；问有答声：“好！”“行！”；去有送声：“再见！”“欢迎再来！”

二、“三到”

眼到：目中有人，用目光把旅客迎进贵宾休息室或其他位置；口到：说话要懂得因人而异；意到：欢迎旅客的心意要准确地表达到。

3. 热忱待客

热忱待客要求民航服务人员做好引路、开关门、让座、上茶、挂衣帽、送书报等工作。

知识链接

为客人上茶的礼仪规范

一、茶杯要清洁，不可有裂口或污渍，茶叶应保证质量，茶水保持七分满。

二、送茶先从客人开始（即使客人的地位比自己的领导低），再送给本单位的人员。

三、茶杯一般放在客人右手边，不要把茶杯放在烟灰缸的旁边。

四、在为客人添茶的时候，要先把冷茶撤下，再把热茶端上去。

4. 热情送别

旅客表示告辞或是在登机前，民航服务人员需用语言和行动送客。一般送客的语言都是热情的感谢语、告别语。在旅客起身后，民航服务人员要帮助旅客取拿衣帽、提行李等，并根据具体情况礼貌相送，用握手、挥手致意等方式热情告别。

知识链接

乘车座次安排

目前在国内公务接待中，最为常见的双排五人座轿车，其座次的安排应视驾驶者的身份而定，如果由专职司机驾驶，常见的乘车座次安排见表 4—1。

表 4—1　　常见轿车座次安排

客人数量	座次安排
由专职司机开车，迎接一位宾客时的座次安排	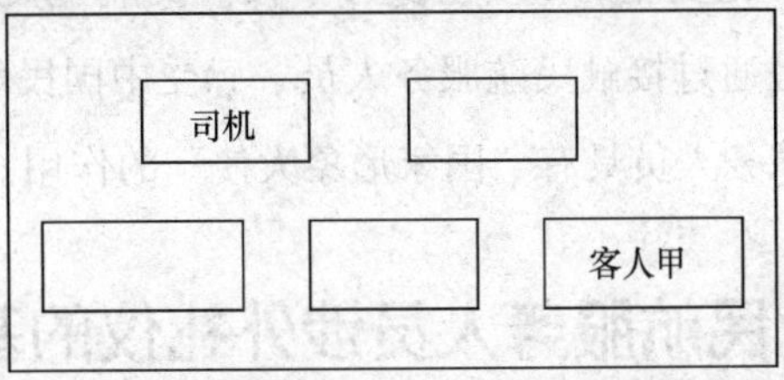
由专职司机开车，迎接两位宾客时的座次安排	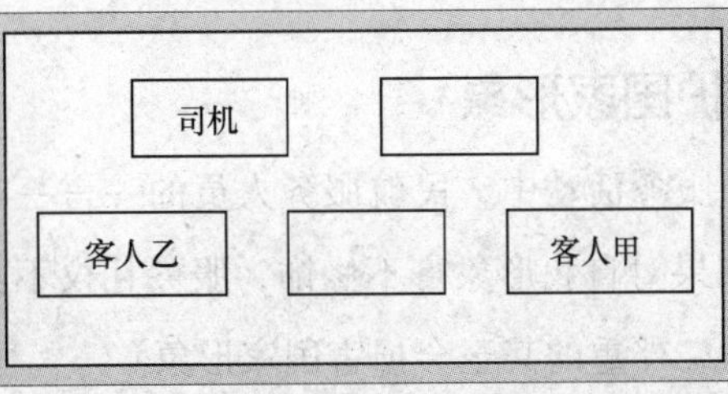
由专职司机开车，迎接三位宾客时的座次安排	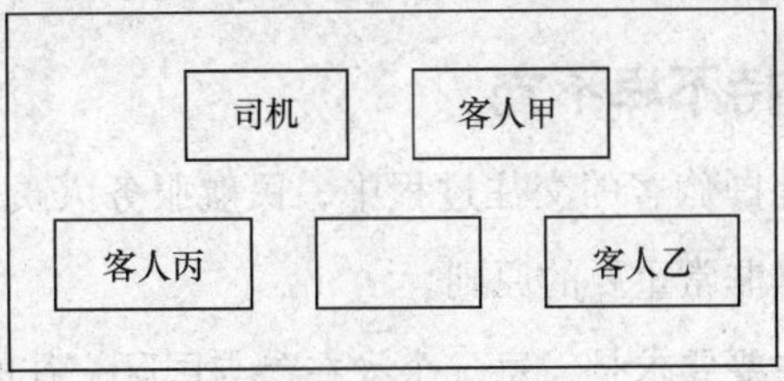

第三节　民航服务人员涉外礼仪

案例导入

张丹是 ×× 航空公司销售部的业务员，此次随团队前往英国进行商务磋商会谈。由于路途飞行时间较长，张丹选择了一套便装使乘机过程更舒适，下机时由于时间仓促，来不及更换其他衣物便直接与前来接访的英国团队见面。英国代表史密斯先生见到张丹这身打扮，皱了皱眉头，便不再与她交流。乘车时，张丹作为中方团队中唯一的女性，被安排在副驾驶座位，她却以跟随领导为理由，强行要求坐在后排。就餐时，领导示意张丹与对方交换礼品，情急之下的张丹将准备给史密斯先生的礼品与另一份给其他团员的礼品混淆了……

思考：张丹的哪些行为存在不妥之处？应该怎么改正？

民航是世界各国人民频繁交往的一个通道，民航交通不是简单的地域交通的概念，而是国际文化交流的重要工具和手段。民航是关系到国家形象的“窗口”，如许多外国友人首先是通过接触民航服务人员、感受中国民航的服务来认识中国和中国文化的。所以，民航服务人员具有“国家形象大使”的作用。

一、民航服务人员涉外礼仪的基本原则

1. 维护国家形象

在涉外服务活动中，民航服务人员的一言一行代表的不仅仅是个人形象，更是国家的形象，如果对自我形象毫不修饰，服务礼仪不到位，不但有失对旅客的尊重，而且亦属失礼行为，严重的甚至会损害国家形象。

2. 坚持不卑不亢

在与外国旅客的交往过程中，民航服务人员的一言一行都事关国格、人格，因此，不卑不亢是非常重要的原则。

它的主要要求是，每一个人在参与国际交往时，都必须意识到自己在外国旅客的眼里代表的是自己的国家、自己的民族、自己所在的企业。因此，民航服务人员在外国旅客面前既不应该畏惧自卑、低三下四，也不应该自大狂傲、放肆嚣张，而应该堂堂正正、坦诚乐观、豁达开朗、从容不迫、落落大方、一视同仁。

3. 牢记“入乡随俗”

（1）“入乡随俗”的内涵

民航服务人员必须充分了解旅客所在国家和民族的风俗习惯，无条件加以尊重，不可少见多怪、妄加非议。“入乡随俗”是涉外礼仪的基本原则之一，它的含义主要是：在涉外交往中，要真正做到尊重交往对象，首先就必须尊重对方所独有的风俗习惯。

(2)“入乡随俗”的原则

1）入境问俗。入境问俗是指在涉外交往中，要真正做到尊重交往对象，必须首先了解和尊重对方所特有的习俗，主要应注意两个方面的问题：充分了解与交往对象相关的习俗，“入境而问禁，入国而问俗，入门而问讳”；无条件地对交往对象所特有的习俗予以尊重。入境问俗要求民航服务人员与大多数人的习惯做法保持一致，切勿唯我独尊。

2）客随主便。客随主便是指处于客位的礼仪当事人必须遵循处于主位的礼仪当事人所在地域的礼仪规范。所谓处于客位或处于主位的礼仪当事人，是根据礼仪行为或礼仪活动所处地域来划分的。

遵循所到地域的礼仪规范，是一切处于客位的礼仪当事人无法推卸也无法回避的，如果做不到这一点，必然会导致失礼，并且造成一系列其他的不良影响。

3）主遂客意。主遂客意是指在涉外交往中基本上采用本国礼仪的同时，适当地采用一些交往对象所在国现在的礼仪。尤为重要的是，要了解交往对象国家及民族的主要礼俗禁忌，并且在实际操作中尽量加以注意。

主遂客意是相互尊重，是对客随主便的正确理解和准确把握。既坚持客随主便，又不失主遂客意的精神，这就是现代礼仪的体现。

在涉外交往中，当自己身为东道主时，通常讲究“主遂客意”；而当自己是客人时，则又讲究“客随主便”。从本质上说，这两种做法都是对“入乡随俗”原则的具体贯彻落实。

4）求同存异。求同存异是指在涉外交往中，为减少麻烦，避免误会，最为可行的做法是既要对交往对象所在国的礼仪、习俗有所了解，并予以尊重，更要认真遵守国际上所通行的礼仪惯例。

求同就是遵守国际惯例，重视礼仪的“共性”，取得共识，便于沟通、避免周折；存异就是注意“个性”，了解具体交往对象的礼仪习俗禁忌，并予以尊重。

二、民航服务人员涉外礼仪的注意事项

1. 心中信守约定

信守约定是指在一切正式的国际交往之中，都必须认真而严格地遵守自己的所有承诺。说话务必要算数，许诺一定要兑现，有约在先必须要如约而至。在一切有关时间方面的正式约定之中，尤其需要恪守不怠。在涉外交往中，万一由于难以抗拒的因素，致

使自己单方面失约，或是有约难行，需要尽早向有关各方进行通报，如实地解释，还要郑重其事地向对方致以歉意，并且主动赔偿因此给对方造成的损失。

2. 对客热情有度

热情有度主要表现在四个方面：一是关心有度，二是批评有度，三是距离有度，四是举止有度。

3. 介绍不必过谦

在与外国友人的交往活动中涉及自我介绍和评价时，虽然不应该自吹自擂、自我标榜、一味抬高自己，但也不要妄自菲薄、自我贬低、过度谦虚。

4. 行为不宜冒昧

在涉外活动中，面对自己一时难以应付的事情，或者不知道到底怎样做才好时，如有可能，最明智的做法是尽量不要急于采取行动，尤其不要急于抢先，冒昧行事。

5. 言谈尊重隐私

凡涉及收入、年龄、婚姻、家庭、信仰等，都属于个人隐私，要避免与对方交谈时涉及这些隐私。

6. 社交女士优先

在国际惯例中，一切社交场合，每位成年男士都有义务主动、自觉地以自己的实际行动去尊重、照顾、体谅、关心和保护女士，并且还要想方设法、尽心竭力地去为女士排忧解难。

7. 日常爱护环境

爱护环境主要是指在日常生活中，每个人都有义务爱惜和保护人类所赖以生存的环境。

在国际交往中涉及爱护环境时，需要特别注意的问题有以下两点。

（1）要牢记仅有爱护环境的意识是远远不够的，更为重要的是要有实际行动。

（2）在进行涉外交往时，在爱护环境的具体问题上要严于自律。具体而言，民航服务人员在涉外交往中特别需要在爱护环境方面注意一些细节问题，主要包括：不可毁损自然环境；不可损坏公物；不可乱堆乱挂私人物品；不可乱扔、乱丢废弃物品；不可随地吐痰；不可在公共场所和禁烟场所吸烟；不可任意制造噪声；不可浪费能源，注重民航服务的节能降耗，减少机上一次性用品的使用。

8. 位次以右为尊

在各种类型的对外交往中，大到政治磋商、商务往来、文化交流，小到私人接触、社交应酬，但凡有必要确定并排列主次尊卑时，“以右为尊”都是普遍适用的，以右为上、以左为下，以右为尊、以左为卑，就肯定不会失敬于人。

知识链接

公务行礼

一、握手礼

行握手礼时一定要用右手，握手时目光应注视对方，微笑致意或问好，时间一般以 1 ~ 3 秒为宜。

二、拱手礼

拱手礼又叫作揖礼，是指相见或感谢时常用的一种礼节。行礼时，双腿站直，上身直立或微俯，双手互握合于胸前。

三、鞠躬礼

行鞠躬礼一般是指向他人躬身以示敬重或感谢之意，鞠躬礼因此也被称为躬身礼。行鞠躬礼时，双手自然垂落放在膝前或两侧，手指自然并拢，颈部和背部挺直，以腰为轴向前深鞠一躬，鞠躬时眼睛朝下看。鞠躬的深度、时间和次数要视彼此身份、地位和熟识程度而定。

四、拥抱礼

拥抱礼与握手礼有异曲同工之处，即都是通过身体某一部位的接触向对方表示爱意或敬意，从而达到致意和交流的目的。

五、合十礼

合十礼又叫合掌礼，属佛教礼节，通行于印度和东南亚信奉佛教的国家与地区，我国傣族聚居区也行合十礼。行礼时，两掌合拢于胸前，十指并拢向上，指尖和鼻尖基本齐平，手掌向外倾斜，头略低，神情安详、严肃。

思考与练习

1. 民航服务礼仪的见面礼仪包括哪些内容?
2. 职业性称呼礼仪有哪些规范?
3. 简述涉外礼仪的基本原则。

第五章
民航服务人员岗位工作礼仪与技能

学习目标

- ☞ 掌握民航服务中值机、问询、安全检查、客舱服务等岗位工作内容
- ☞ 掌握不同岗位所需的服务礼仪技能
- ☞ 能熟练运用正确的服务技能完成不同岗位的实际工作
- ☞ 掌握服务特殊旅客的工作礼仪规范

案例导入

张先生在某机场通过安全检查时亲身感受到安检人员的优质服务，为此，他专门写了一封表扬信。

某日，张先生在机场排队等候安全检查时，听到验证检查员招呼前面一位年纪较大的女性旅客："阿姨，请您再靠前点儿。"声音透着真诚和亲切，微笑也丝毫没有做作感；往前走，前传检查岗的女安检人员热情地招呼："阿姨，请把您的小包也取下来过安检。然后您再过安全门。"这第二声"阿姨"，一样没有半点命令和指示的味道，一点儿不生硬，很自然，仍然伴着微笑。机房里一切都在井然有序地进行着，张先生也顺利地通过了安全门检查，正在取回自己已通过X光机检查的行李，这时，"阿姨"的称呼声再次响起，"阿姨，这是您的包吗？别忘了啊！"就是这三声出自不同民航服务人员口中的"阿姨"，让张先生感慨、吃惊和惊喜。他称赞道，这三声"阿姨"，不是训练有素的生硬的职业习惯使然，也没有丝毫的敷衍和做作，而是亲切和热情的真诚流露，让旅客倍感亲切和温暖。

思考：该机场的安检人员为什么获得了张先生的表扬？

第一节　值机岗位工作人员礼仪与技能

民航值机服务是出行旅客接触民航服务对客接待的第一个环节，该岗位工作人员（值机人员）作为所属航空公司品牌展示的第一层次形象的代表，其日常工作应遵循相应的规章要求。

一、值机岗位工作概述

值机岗位工作即值机服务，是指为旅客办理乘机手续的整个服务过程，其主要内容包括查验身份证件、安排座位、发放登机牌、收运行李及相关旅客运输服务的处理等。

知识链接

值机柜台

一、人工值机柜台

为了提高服务效率和质量，合理分流旅客，机场或航空公司会根据所拥有的值机柜台数量及旅客类型对值机柜台进行分类设置，较常见的类型有普通旅客柜台、无托运行李柜台、特殊旅客柜台、晚到旅客柜台、团体旅客柜台、逾重行李柜台、超大超限行李柜台、VIP 柜台、候补旅客柜台、值班主任柜台等。人工值机柜台如图 5—1 所示。

图 5—1 人工值机柜台

二、自助值机柜台

目前大部分机场除了传统的人工值机柜台外，还提供自助值机柜台服务，这种新兴的值机方式在给旅客提供便利的同时，也为航空公司节省了成本。自助值机柜台如图 5—2 所示。

图 5—2 自助值机柜台

二、值机岗位工作人员的礼仪规范

1. 待客的礼仪规范

（1）迎接

值机人员在迎接旅客时，应践行“五步立迎，三步问候”的基本要求，即旅客距离值机柜台五步远时，应站立迎接，面带微笑；旅客距离值机柜台在三步内时，应主动问好，如“您好”“早上好 / 下午好”等，以为旅客提供亲切温馨的服务体验。值机人员站立迎接旅客如图 5—3 所示。

图 5—3　值机人员站立迎接旅客

（2）等候

如果值机柜台前无旅客等候值机，值机人员可坐下等待，坐姿保持端正。值机人员等候状态如图 5—4 所示。

2. 查验身份证件的礼仪规范

（1）旅客如果未主动出示身份证件，值机人员应面带微笑、礼貌索要，如“您好，请出示您的身份证件 / 护照”。旅客出示身份证件时，值机人员应站立，双手接过旅客的证件，之后可坐下办理乘机手续。

（2）快速、高效查看旅客的身份证件，一般身份证在 8 秒以内查看完毕，护照在 30 秒以内查看完毕。在办理手续前，值机人员应和旅客确认航班信息和目的地，如“您是准备乘坐 ××× 航班去 ××× 吗？”等。

图 5—4　值机人员等候状态

（3）VIP 柜台及两舱（头等舱和公务舱）柜台的值机人员须提供姓氏服务。在不知道旅客姓名的情况下，可以使用“先生 / 女士”称呼旅客；当查验过旅客的证件，获知旅客的信息后，在后续服务过程中，必须以“姓氏 + 先生 / 女士”称呼旅客，如张先生、李女士等。

3. 安排座位的礼仪规范

在满足配载平衡及飞行安全的前提下，值机人员应尽量满足旅客的座位需求。

（1）应主动询问旅客对座位的喜好，如“请问您需要靠窗座位还是过道座位”。如果航班座位剩余量较少时，可不必询问。

（2）在不能满足旅客座位需求时，应向旅客致歉并提供其他座位选择，如“对不起，靠窗的座位没有了，我为您安排一个靠前的过道座位，您看可以吗”。

（3）应尽量将同行旅客的座位安排在一起，如没有相连的座位，应告知旅客并致歉，如“对不起，现在没有一起的座位，我将你们安排在最近的区域内，您看可以吗”。

（4）对于特殊旅客如孕妇旅客、儿童旅客、婴儿旅客、轮椅旅客、老年旅客等，应按照特殊旅客的座位安排要求为其选择合适的便于服务的座位。

（5）在安排紧急出口座位时，应严格按照规定执行。必须明确告知旅客紧急出口座位相应的职责，在得到旅客的应允后方可将旅客安排在紧急出口座位。

4. 收运行李的礼仪规范

收运行李是值机人员的一项重要工作，其工作内容包括检查行李外包装、了解行李内是否有不符合规定的物品、行李过秤、收取相应的逾重行李费等。

（1）主动询问旅客是否有托运行李，如“请问您有托运行李吗”“麻烦您将托运行李放在行李传送带上”。

（2）对待旅客的行李应轻拿轻放，规范拴挂行李牌，将行李识别联粘贴在登机牌的正确位置（见图 5—5）。

图 5—5　拴挂行李牌

（3）主动了解旅客行李的安全问题，如“请问您的托运行李里有贵重物品或易碎物品吗”“请您看一下告示牌，以确保您的托运行李里没有所示物品，谢谢”“您的行李内有帮其他人携带的物品吗”等。

（4）对于持逾重行李的旅客应明确告知规定，如“对不起，您的行李重量超过了经济舱 20 千克的免费行李额度，您需要交纳逾重行李费，请您到 ×× 柜台办理，谢谢”等。

5. 礼貌道别的礼仪规范

（1）值机人员办理完旅客登机手续后应站立，双手将旅客的身份证件、登机牌等物品（正面朝向旅客）一并交还给旅客（见图 5—6），并告知“这是您的证件和登机牌，请您收好”。

（2）必要时用笔圈画出登机口、登机时间等重要信息，用手势指示安检通道方位（见图 5—7），并口头提醒，如“您的航班马上就要开始登机了，请您抓紧时间进行安全检查，到 ×× 号登机口登机”等。

图 5—6　将身份证件和登机牌交还旅客

图 5—7　为旅客指示安检通过方向

（3）面带微笑，礼貌告别，如“祝您旅途愉快”“再见”等。

知识链接

旅客应注意的礼仪

旅客要履行自己应尽的义务，并且配合好航空服务人员的工作，以便于他们提供更好、更优质的服务。旅客乘坐飞机要注意的礼仪包括三个方面：一是登机前的候机礼仪，二是登机后的机舱礼仪，三是到达目的地下飞机出机场的礼仪。

一、提前一段时间去机场

一般来说，旅客应按机场提示的到达时间提前到达，以便确认身份、打印登机牌、托运行李和安全检查。

二、行李要尽可能轻便

手提行李一般不要过重、过大，其他行李需要托运。

三、配合进行安全检查

旅客应配合安检人员的工作，将有效身份证件（身份证、护照等）、登机牌等交予安检人员查验，并在安检人员的指示下逐步完成安全检查工作。

四、候机厅内礼仪

旅客在前往登机口的途中，可乘坐扶梯，但要单排靠右站立，将左侧留给需要急行的人。在候机大厅内，一个人只能坐一个座位，不要用行李占座位。

五、向空乘人员致意

上下飞机时，均有空乘人员站立在机舱门口迎送旅客。他们会向每一位进入舱门的旅客热情问候。此时，旅客应礼貌性地点头致意或问好。

六、遵守机上规定

旅客在客舱内应配合空乘人员的工作，遵守空乘人员的管理要求。

七、着陆后

旅客应等飞机完全停稳后，再解开安全带，起身打开行李架提拿个人物品，并听从空乘人员的指令按次序下机。

三、值机岗位工作人员为老年旅客提供服务的要点

1. 老年旅客的特点

（1）由于年龄偏大，通常体现为行动迟缓或不便、听力较弱、理解速度较慢等特点。

（2）自我管理能力及紧急情况下的撤离能力较差。

2. 服务要点

（1）礼貌征询老年旅客意见，确认是否需要轮椅接送服务。

（2）委婉询问老年旅客，是否有明显不适症状或近期是否有重大疾病等可能影响乘机安全的细节事项。询问过程中应避免措辞不当引起老年旅客的反感。

（3）为老年旅客安排非应急出口处、间距较宽且与同行人紧邻的便于照顾的座位。

课堂实训

任务引入

张明是一名值机人员，此时机场大厅往来旅客较少，他正在休息并等候旅客前来。此时，他发现有一位年轻女士携同行四个人（均为老年人）正在向值机柜台走来。该女士递给张明五个人的身份证件并告知了航班号与目的地，同时告知有三件托运行李，并要求座位尽可能在一起且最好位于过道处，还表示托运行李里有一瓶贵重白酒，托运时请注意不要造成损坏。

任务分析

值机人员在工作中直接面对不同类型的旅客，需在第一时间提供高标准的服务内容，所涉及的礼仪要求主要包括职业形象、用语礼仪和标准仪态三个方面。

值机人员看到有旅客来办理值机手续，首先，应从休息状态调整为工作状态，然后根据旅客的特点、要求提供服务。例如，四位老年人年龄较大、行动不便，是否需要提供轮椅、送机服务；行李中存在特殊物品，是否需要提醒旅客将行李送至超规行李通道等。其次，值机人员能够根据值机岗位工作人员礼仪规范完成相应工作。

任务实施

步骤 1　迎客

发现有旅客前来，马上进入迎接状态，当旅客到达值机柜台前五步远时，站立迎接、面带微笑，三步内主动问候，如“您好”。

步骤 2　查验证件

面带微笑，礼貌询问旅客航班信息并核验身份证件，如“您好，女士！请问几位是一同出行吗？麻烦您出示一下几位的身份证件，谢谢”。如果是 VIP 旅客或两舱旅客，应需提供姓氏尊称服务。

步骤 3　安排座位

在充分考虑配载平衡及飞行安全的前提下，主动询问旅客对座位的喜好和需求，并尽量满足。同时需兼顾旅客同行人员（老年人）的身体状况等委婉询问，避免将老年人安排在应急出口座位。

步骤 4　收运行李

主动询问旅客是否有托运行李，细致检查行李外包装并确认行李内是否有不符合规定的物品（因行李中有贵重酒水，需提醒旅客仔细检查酒品包装，并加贴“易碎”标签，视情况提醒旅客将行李送至超规行李处）。将行李过秤，加贴标签，若出现逾重现象，应引导旅客完成缴费。

步骤 5　送别

办理完乘机手续后，面带微笑双手交还旅客证件及登机牌，着重标注重点信息提示旅客注意，并目送旅客离开，指示安检通道方向，礼貌告别，如“祝您旅途愉快”“再见”。

注：值机岗位工作人员礼仪评价表（课堂实训评价表）见附表 1。

情景模拟练习

- 在为旅客办理值机手续时，另一位旅客急匆匆赶来，表明其即将错过航班且其同伴需要轮椅服务，应怎样处理？
- 在为旅客值机选座时，旅客要求的过道座位实在无法满足，旅客又强硬要求不能更改其他座位，应怎样处理？

第二节　候机楼问询岗位工作人员礼仪与技能

当下，乘坐飞机已经成为人们常用的出行选择，但不同国家、地区的机场设置各具特色，旅客在办理值机、转机手续时，经常需要向专业的服务人员进行咨询。

一、候机楼问询岗位工作概述

在机场候机楼设立专门的问询柜台，为旅客提供各种问询服务，已经成为航空公司服务旅客不可或缺的窗口。候机楼问询主要向旅客提供航班信息、机场交通、候机楼设施使用等问询服务，为帮助旅客解决问题指明方向。

候机楼问询服务可分为现场问询服务和电话问询服务。现场问询服务是指在候机楼设立专门问询柜台向旅客提供服务。电话问询服务是指通过专门的电话向旅客提供服务。电话问询可分为自动语音应答问询和人工电话问询：自动语音应答问询是由旅客根据自动语音提示进行操作，能快速高效地解决常见的问题；人工电话问询则主要用来解决旅客提出的一些比较特殊或非常规的问题。

二、候机楼问询岗位要求

1. 问询岗位知识要求

问询岗位的工作人员需要具备较为全面的民航相关知识，才能为旅客提供全面、优质的问询服务。问询岗位工作人员应熟悉民航基础知识，掌握民航相关法律法规及政策，熟悉国内、国际旅客行李运输及客票业务的相关知识，熟悉机场旅客服务的基本业务流程，了解安全检查及联检单位的基础业务知识，掌握机场交通状况及当地基本地理情况。

2. 首问责任制

问询服务实行“首问责任制”，即旅客求助的第一位工作人员有责任在第一时间提供优质服务，如果该工作人员不能准确答复或有效解决问题，必须将用户指引到能提供有效服务的单位或岗位。

三、候机楼问询岗位工作人员礼仪规范

1. 迎接旅客的礼仪规范

（1）接待旅客问询实行站立式服务，旅客到达问询柜台，工作人员应面带微笑，提供主动式服务，如“您好，请问有什么可以帮您”，而不应等旅客先提出问题。

（2）如柜台前无旅客问询，工作人员可坐下等待，但要保持坐姿端正。

2. 解决问题的礼仪规范

（1）旅客提问时，要认真倾听，不打断旅客，注意旅客的身体语言，了解旅客真实全面的需求。

（2）与旅客交谈时，目光要亲切柔和、友善专注，保持目光交流，切忌上下打量对方。

（3）与旅客沟通时，要做到口齿清晰、语速适中、语言简明清晰，尽量使用通俗易懂的语言，避免使用专业术语等。

（4）双手递送旅客的票证和其他物品时，递送的物品应正面对着旅客。

（5）如果无法回答旅客的询问，要主动说“对不起”，然后告知旅客前往正确地点询问，或协助旅客咨询其他相关部门。切忌使用“不知道”“这不是我的职责”“你自己找”

等直接或间接拒绝旅客的语言。

（6）为旅客指示方向时，指示方式因距离远近有所区别。将手臂抬起，掌心与水平面成 45°角，眼睛看着指示的方向或物品，以胳膊的屈伸度表达指示距离的远近（见图5—8、图 5—9）。用手势指示时，可依据方向选择使用左手或右手，以开放性动作为基本原则。

图 5—8　近距离指示

图 5—9　远距离指示

3. 礼貌道别的礼仪规范

（1）服务结束后应再次询问，如“请问还有别的可以帮到您的吗”。

（2）面带微笑，礼貌告别，如“祝您旅途愉快”“再见”。

（3）工作人员应站立目送旅客离去，之后方可坐下。

课堂实训

任务引入

2019年暑假期间，大学生小秦计划自哈尔滨前往汕头旅游，因预算有限且出行时间较为宽松，便选中了由哈尔滨出发、自南京中转前往汕头这一联程航线，两段航程由不同航空公司执飞。由于前序航班晚点，到达南京机场后，后续航班离值机截止时间仅剩10分钟，小秦急得不知所措。正在她六神无主时，看到了不远处的问询柜台，她急忙前往寻求帮助。此时，问询柜台工作人员王明正在帮助旅客娄先生，他的行李物品遗失在出发站的候机大厅里，其中有他此行必要的工作文件，需要尽快找到。

任务分析

问询岗位工作人员应熟悉机场环境、相关事件及应急处置预案，当旅客遇到突发事件时，能够在第一时间提供准确有效的帮助。任务中，旅客小秦因为前序航班延误导致后续航班值机时间紧迫，是非自身因素导致的，工作人员应第一时间询问旅客的行李、后续航班详细信息等相关内容，及时启动快速保障流程预案，协助旅客安排后续事宜并提供快速安检通道等便捷程序，帮助旅客顺利乘机。对于行李遗失的娄先生，则应仔细问询其行李特征、大致遗失地点及登机口等详细信息，并提供出发站旅客服务中心联系方式，协助旅客查询遗失的行李。

任务实施

步骤1　迎客

在无旅客前来时，工作人员可以以坐姿休息等候，当旅客到达问询柜台或发现旅客急需帮助时，工作人员应起身并面带微笑，提供主动式服务，如“您好，请问有什么可以帮您的吗”。

步骤2　倾听问题

仔细倾听旅客的问题，不要随意打断，收集旅客要求并分析处理方法，当旅客表述完个人要求后，将核心要点重复一遍，并经旅客确认，如“好的，娄先生，您有一件上有 ×× 明显标识的黑色手提行李包遗失在出发站 ×× 机场登机口休息区，内装有一个蓝色多层文件夹、一台笔记本电脑及一个硬盘等物品，对吗”，经旅客确认无误后，则继续后续服务。

步骤3　解决问题

措辞使用礼貌用语，针对旅客的核心问题进行针对性解决。由于在为娄先生解决问题的同时，遇到小秦前来咨询，则应先向娄先生道歉，同时寻找同事为小秦提供帮助，如“抱歉娄先生，请您稍等一下，我通知一下同事来为这位女士服务，马上回来”，同时请小秦稍等，如“您好，女士，马上有专人为您提供帮助，请您稍等”，不可出现旅客长时间等候无人应答或临时中断服务无解释等行为。

1. 娄先生问题的解决方法：与旅客沟通确认遗失物品无误后，将该机场物品遗失处联系方式提供给旅客，并主动帮助旅客联系该处工作人员进行信息对接，如“您好，娄先生。我们已将您的遗失物品信息报送对方，同时提供给您 ×× 机场物品遗失处联系电话，您可以直接与当地工作人员联系，关注物品查找情况”。

2. 小秦问题的解决方法：仔细核实小秦后续航班信息、时间和值机柜台等，及时启动快速保障流程预案，通知相关部门并为小秦提供快速值机安检通道，同时将内容及时告知小秦，如“秦女士，您乘坐的是10分钟后停止值机的 ×× 航班，从 ×× 飞往 ××，对吗？您有待提取的托运行李吗？有需要托运的行李吗？我已将您的信息通报值机各部门，请您跟我来，我协助您快速值机和安检”。

步骤4　送别

问题解决后，再次礼貌询问旅客：“娄先生/秦女士，还有其他可以帮您的吗”，如果没有，礼貌微笑送别旅客：“再见！祝您旅途愉快”。当旅客离开视线后，方可重新坐下进入休息等候状态。

注：候机楼问询岗位工作人员礼仪评价表（课堂实训评价表）见附表2。

情景模拟练习

● 工作期间，一名旅客来到问询台，称他的行李被其他人误领了，现在无法查找到自己的行李物品，请求工作人员帮助，此时，应怎样处理？

● 常先生到达问询台，称其一件手提行李遗忘在来机场时乘坐的出租车上，当中有重要文件必须找回，此时，工作人员可以提供怎样的帮助？

第三节　安全检查岗位工作人员礼仪与技能

机场安全检查是保障民航飞行安全最重要的一道关卡。安检人员通过认真、细致的安全检查，可以将不法人员携带夹藏的危险品或普通旅客携带的不合规格物品一一查验出来，确保飞行安全。而安全检查岗位工作规定是根据中国民用航空局（以下简称“民航局”）最新颁布的法规制定的，需要安全检查岗位工作人员认真执行。

一、安全检查岗位概述

安全检查是指乘坐民航飞机的旅客在登机前必须接受的一项人身和行李检查，这也是为了保证旅客自身安全和民用航空器在空中飞行安全所采取的一项必要措施。目前，乘坐飞机前需提前将刀具类生活用品办理托运手续，液体、打火机等物品属于禁止随身携带的物品。

二、安全检查岗位工作人员通用礼仪规范

1. 行为礼仪规范

（1）表情要求

1）面带微笑、和颜悦色，笑容要甜美、真诚；不得面孔冷漠、表情呆板，给人以不热情之感。

2）旅客讲话时，要聚精会神、用心倾听，上身微微向前倾，表示认真听取，不得没精打采或漫不经心。

3）真诚待客、不卑不亢，不得诚惶诚恐、唯唯诺诺。

4）处理事务沉着冷静，不得手忙脚乱。

5）检查过程中，神色要坦然、轻松，不得双眉紧锁、满面愁容，不得带有厌烦、僵硬和愤怒的表情。

6）动作不可扭捏作态，不可做鬼脸、吐舌。

（2）目光要求

1）注视对方的脸部时，要自然、稳重、柔和，表现出坦荡和自信。

2）与旅客交谈时，要有目光交流，目光要诚恳、友善，表示对对方的尊重和友好，并适当地点头表示明白。

3）与旅客交谈时，眼睛平视，不要眯眼、斜视、闭眼或游离不定。

4）眨眼的频率应以自然为宜，闭眼不超过一秒钟，避免因闭眼时间过长给人以藐视、看不起人之感，引起旅客的误会。

5）上岗时，不要左顾右盼，经过玻璃或镜子前，不可停下来梳头、补妆或整理服饰。

（3）站姿要求

1）上身正直，头正目平，面带微笑，下颌微收，挺胸收腹，腰直肩平。双手自然下垂或相交放在小腹处，右手握左手，大拇指合拢收在手掌里。女性也可将双手在身前下端轻轻搭在一起，要求动作轻盈，幅度适中。

2）站立时双腿合拢，肌肉略有收缩感，双腿中间不留缝，脚部呈“V”形。

3）双手不叉腰、不插袋、不抱胸，切忌耸肩勾背、双手乱放、做小动作。

标准站姿如图 5—10 所示。

图 5—10　标准站姿

（4）坐姿要求

1）坐姿要端正，不可东倒西歪、倚靠在墙边或座椅靠背上。

2）入座时动作轻缓，上身挺直，身体重心垂直向下，腰部挺起，脊柱向上伸直，胸向前挺起；双手自然放在双膝或工作台上，两膝并拢；就座时应坐在座椅的 2/3 处，既不可把座椅坐满，也不可只坐在座椅的边沿处。

3）就座时，切忌出现以下姿势：趴在工作台上；坐在椅子上前俯后仰，摇腿跷脚；双手环抱在胸前，跷二郎腿或半躺半坐；双腿膝盖分开的距离超过身宽；坐着不停地抖脚；将脚跨在桌子、座椅或机器底架上。

标准坐姿如图 5—11 所示。

（5）行走要求

1）脚步要轻稳，上身正直，双肩平正，注意昂首、挺胸、收腹，两臂自然摆动，切忌身体左右摇摆。

图 5—11　标准坐姿

2）双脚直而不僵，步幅适中均匀，不可发出太大响声。双脚走一条直线，切不可扭捏作态、夸张地行走，如走“模特步”等。

3）不要摇头晃脑、吹口哨、吃零食，不要左顾右盼、手插口袋或打响指。

4）不要勾肩搭背、拉手行走。在服务现场不要奔跑、跳跃；因工作需要超越旅客时，要礼貌致歉，说声“对不起”，请旅客礼让。

5）行走时尽量靠右，不走中间。

6）与领导或旅客相遇时，要点头致礼示意。

7）与领导或旅客同行至门前时，应主动开门，让其先行。

8）与领导或旅客上下电梯时，应让其先上或先下。

9）引导旅客时，让旅客走在自己的右后侧。

10）当旅客迎面走来或上下楼梯时，要主动为旅客让路。

安检人员的标准行姿可参考图 5—12。

（6）蹲姿要求

1）女性安检人员下蹲捡拾物品时，应上身保持正直，双膝并拢弯曲，从地面物品的右侧蹲下。

2）蹲下时动作不宜太大，切不可用臀部对着旅客。

安检人员的标准蹲姿可参考图 5—13。

（7）手势要求

1）手势应自然、规范、到位。

图 5—12　标准行姿

图 5—13　标准蹲姿

2）在给旅客指引方向时，上臂抬至离开身体 45° 角的高度，五指并拢，掌心侧向旅客，以肘部为轴，朝欲指示的方向伸出前臂。在指示方向时，身体要侧向旅客，目光要在旅客与所指方向之间移动，直到旅客明白。在介绍或指示方向时切忌用手指指点。

3）谈话时手势动作不宜太多，幅度不宜过大。

4）在介绍、引路和指示方向时，都应掌心侧向旅客，上身稍微前倾，以示尊重。

5）在递给旅客物品时，应双手恭敬奉上，不能漫不经心，更不能随意丢给旅客。

6）不可用手指或笔尖指向旅客。

标准手势如图 5—14 所示。

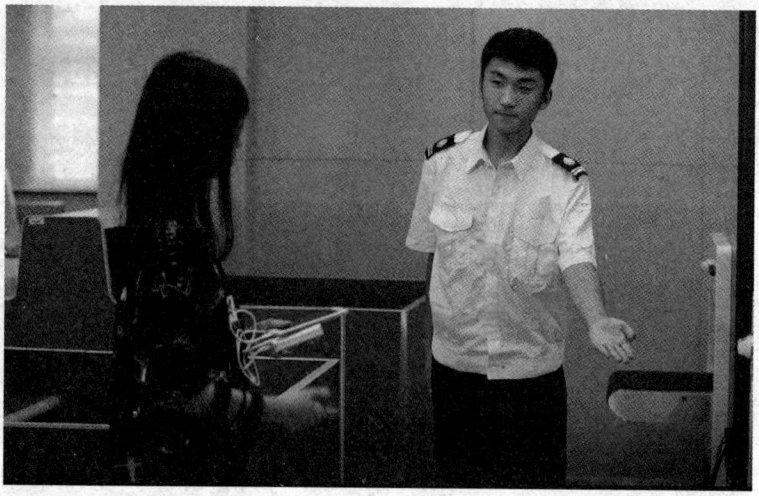

图 5—14　标准手势

(8) 举止要求

1）要主动礼让旅客，同行不抢道，不占用旅客资源，不与旅客争抢资源。不得在旅客间穿行，不得在公共场合奔跑追逐。

2）在旅客面前应禁止各种不文明的举动，如吸烟、吃零食、掏鼻孔、剔牙齿、挖耳朵、打嗝、打哈欠、挠痒、修指甲、伸懒腰等，即使是在不得已的情况下也应尽力采取措施掩饰或回避。

3）在工作间休息时，应保持休息室内安静。说话声音要轻柔，不要大声喧哗、打闹、吹口哨、哼唱歌曲；走路脚步要轻，操作时动作要轻，取放物品要轻，避免发出大的响声。

4）对待旅客要一视同仁，切忌两位旅客同时在场的情况下，对一位旅客过分亲热或长时间交谈，而冷落了另一位旅客。与旅客接触时要热情大方、举止得体，但不得有过分亲密的举动，更不能做有损人格、国格的事。

5）严禁和旅客开玩笑、打闹，严禁给旅客起外号或背后议论旅客。

6）旅客之间交谈时，不要走近旁听，也不要在一旁窥视旅客的行动。对容貌体态奇特或穿着奇装异服的旅客切忌指手画脚，更不许围观；听到旅客的方言土语，不能模仿；为身体有缺陷的旅客服务时，应热情周到，不能有任何嫌弃的表现。

7）旅客并不熟悉安全检查的工作流程，安检人员遇到旅客求助时，应主动帮助旅客或及时与有关部门联系，不能“事不关己，高高挂起”。

8）不得把工作中或生活中不愉快的情绪带到服务工作中去，更不可发泄在旅客身上。

(9) 服务态度要求

1）严格执行首问责任制，认真并及时处理旅客的意见和建议，做到有问必答。

2）实行微笑服务，对待旅客热情周到，注意礼节。

3）在确保安全的前提下为旅客提供耐心细致、准确到位的安全检查服务。

4）为重要旅客和老幼病残孕旅客提供特殊服务。

5）为旅客提供服务时，不分种族、国籍、民族，做到一视同仁。

6）尊重旅客的民族习俗和宗教信仰。

2. 标准服饰要求

(1) 安检制服

穿着安检制服时，制服要干净整洁，无污渍和褶皱，制服纽扣要齐全并扣好，不可敞胸露怀、衣冠不整，不可将衣袖或裤筒卷起。制服衬衫下摆必须扎在裤子里。打底衫的衣领或袖子不得露于制服外，穿着白衬衫时内衣的颜色不得过于明显。不同制式安检制服不得混穿，应按季节统一着装；安检制服不得与便服混穿。

(2) 制服配饰

穿着安检制服时，需佩戴统一的领花、领带，并保持整洁。执勤中佩戴的安检帽徽应朝向正前方，不得歪斜。制服配饰如图 5—15 所示。

图 5—15　制服配饰

(3) 通行证

安检人员上岗时必须佩戴控制区通行证，通行证的挂绳须压在衣领下面，垂直挂于胸前，通行证正面不得有遮盖物，如图 5—16 所示，必要时可将通行证夹于左胸口袋，正面朝外。

图 5—16 通行证的佩戴

(4) 徽章

党徽、团徽的下沿要压住左胸口袋的上沿，与左胸口袋纽扣的连线垂直于左胸口袋上沿。不得佩戴、系挂与安全检查工作无关的标志或物品。

3. 岗位文明用语要求

(1) 措辞通俗易懂

数字表达要使用阿拉伯数字表达法，避免使用行业术语回答旅客问询，如把数字“0”读成“洞”，把“1”读成“幺”。

(2) 精准表达时间

时间表达要清晰明了，可使用二十四小时制时间表达方法，或使用十二小时制的“上午 ×× 时或下午 ×× 时”进行表达。

三、安全检查岗位工作人员专项礼仪规范

1. 验证检查岗位工作人员礼仪规范

（1）等待旅客时，端坐在验证台前，注意观察旅客进入检查通道的情况，如有旅客

前来时，需举手示意，如图 5—17 所示。

图 5—17　举手示意

（2）使用手势提醒越线旅客退至黄线外等候，如图 5—18 所示。

图 5—18　使用手势提醒越线旅客退至黄线外等候

（3）主动和旅客打招呼，微笑点头示意，请旅客出示身份证件，如图 5—19 所示。

（4）查验完毕后，应双手礼貌递送身份证件，如图 5—20 所示。

（5）请旅客进入安检通道，如图 5—21 所示。

（6）发现旅客的身份证件不符合要求，要耐心向旅客解释，并告知旅客解决方法。如发现旅客的行李箱超过标准时，要告知旅客办理行李托运手续。

（7）不得随意把身份证件丢给旅客，不可用手指指点旅客。

（8）验证检查岗位工作人员常用文明用语如下。

1）请在一米黄线外稍等。

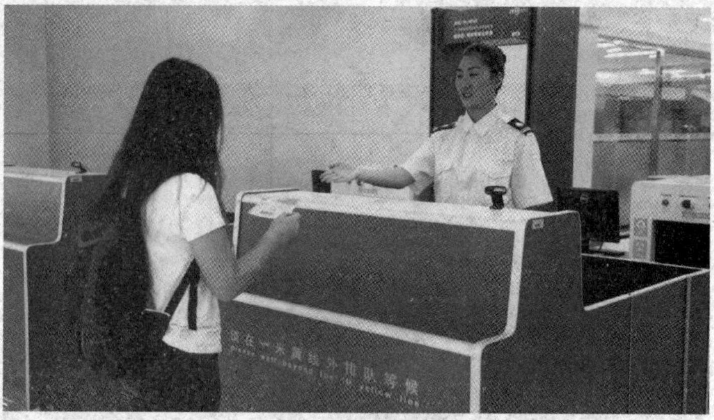

图 5—19　请旅客出示身份证件

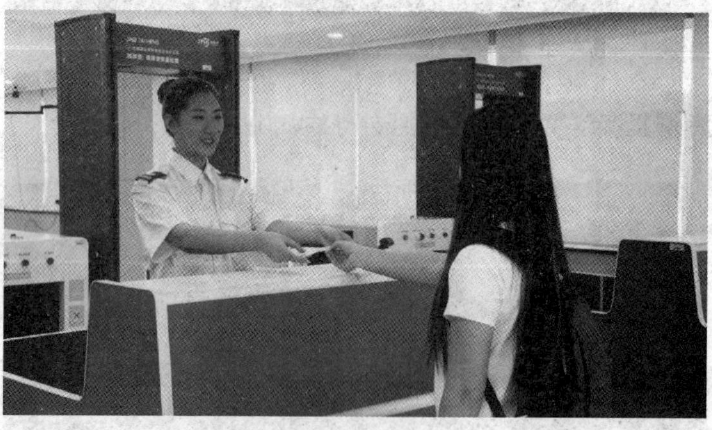

图 5—20　礼貌递送身份证件

图 5—21　请旅客进入安检通道

2）您好，请出示您的身份证件和登机牌。

3）谢谢，请拿齐您的证件。

4）请往里走。

2. 前传检查岗位工作人员礼仪规范

（1）等待旅客时，站立在安全门前方，靠近前传工作台，如图 5—22 所示。

图 5—22　等待旅客

（2）示意旅客将随身行李放在传送带上，如图 5—23 所示。

图 5—23　示意旅客将随身行李放在传送带上

（3）协助旅客在传送带上正确摆放随身行李，如图 5—24 所示。

图 5—24　协助旅客摆放随身行李

（4）提醒旅客将身上的金属物品放在篮筐内，如图 5—25 所示。

图 5—25　提醒旅客将金属物品放在篮筐内

（5）控制旅客通过安全门的速度，如图 5—26 所示。

（6）必须轻拿轻放旅客的行李，发现有易碎物品等特殊物品应及时告知开机员，防止物品损坏。

（7）服务时，不得拉扯旅客，不得漫不经心，不得聊天。

（8）前传检查岗位工作人员常用文明用语如下。

1）您好，请将行李平放在传送带上。

图 5—26　控制旅客通过安全门的速度

2）请您将身上的金属物品放在篮筐内。

3）请通过安全门。

4）请稍等。

3. 人身检查岗位工作人员礼仪规范

（1）等待旅客时，面向安全门前后站立，两臂自然下垂，右手持手提金属探测器，左手握住右手腕，如图 5—27 所示。

图 5—27　等待旅客

（2）请旅客通过安全门进行人身检查，如图 5—28 所示。

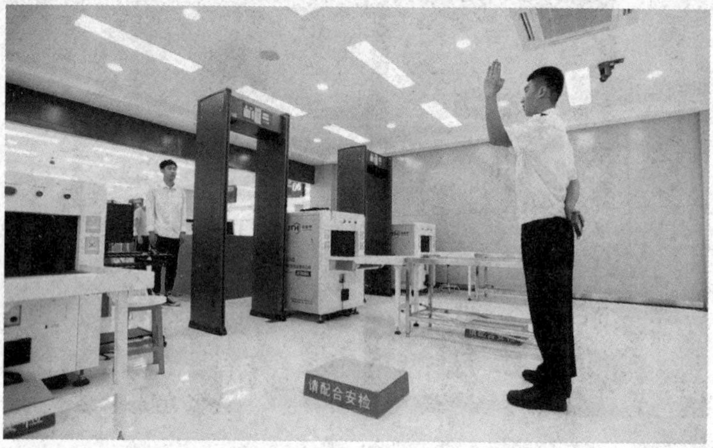

图 5—28　请旅客通过安全门

（3）请旅客抬起双手配合人身检查，如图 5—29 所示。

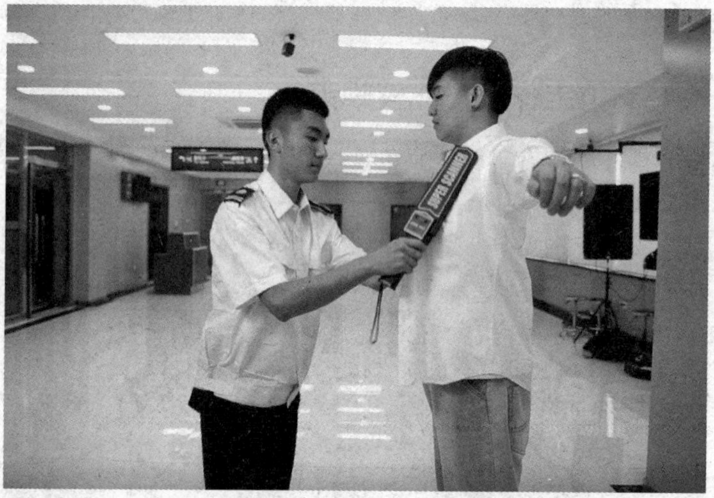

图 5—29　对旅客进行人身检查

（4）提醒旅客自行取出需要检查的物品，如图 5—30 所示。

（5）安检员移至旅客背部检查，如图 5—31 所示。

（6）按程序对旅客进行人身检查，如图 5—32 所示。

（7）检查完毕后向旅客示意，提醒旅客拿齐随身物品，如图 5—33 所示。

（8）注意检查动作要快、准、轻，未经旅客同意不得掏取旅客口袋内的物品。

（9）服务时禁止用金属探测器拍打旅客。

图 5—30　提醒旅客自行取出需要检查的物品

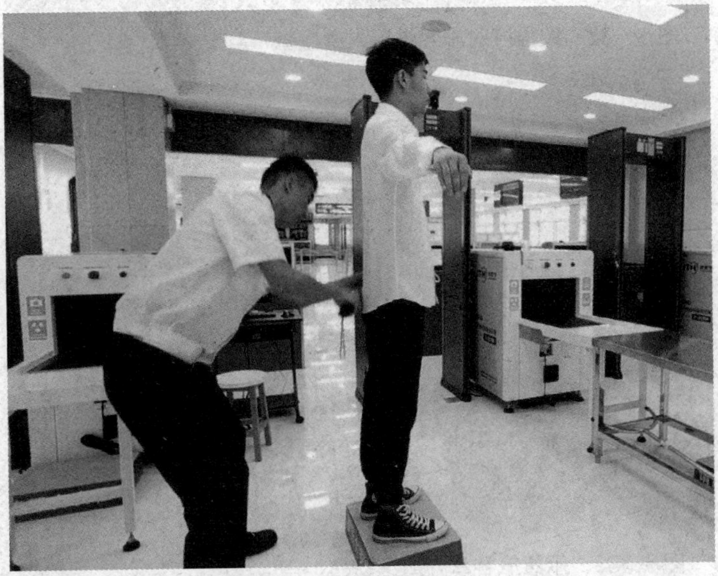

图 5—31　对旅客背部进行检查

（10）人身检查岗位工作人员常用文明用语如下。

1）先生 / 女士，请通过安全门，请接受人身检查。

2）请抬起双手。

3）请将口袋里的物品取出来检查。

4）请稍等。

5）检查完毕，谢谢合作。

6）请拿齐您的行李物品。

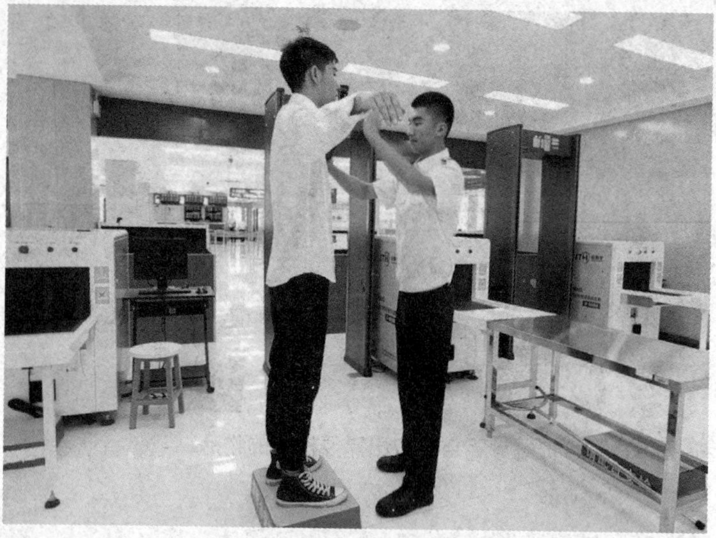

图 5—32　按程序对旅客进行人身检查

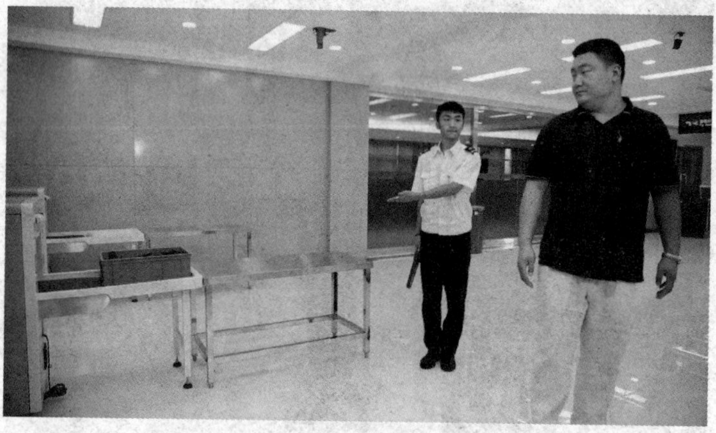

图 5—33　示意旅客拿齐随身物品

4. X 射线检查岗位工作人员礼仪规范

（1）等待行李时，端坐于开机操作台前，目视 X 光机显示器，双手放在操作台上，双腿并拢，如图 5—34 所示。

（2）向开包检查员发出清晰的开包指令，如图 5—35 所示。

（3）将需要开包检查的行李及重点检查部位准确无误地通知开包检查员，如图 5—36 所示。

（4）开包检查员取出违禁品（见图 5—37）后交由开机员确认。

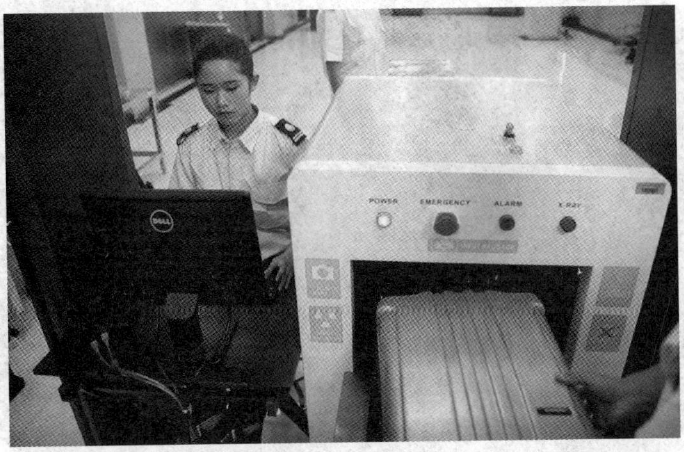

图 5—34　等待行李

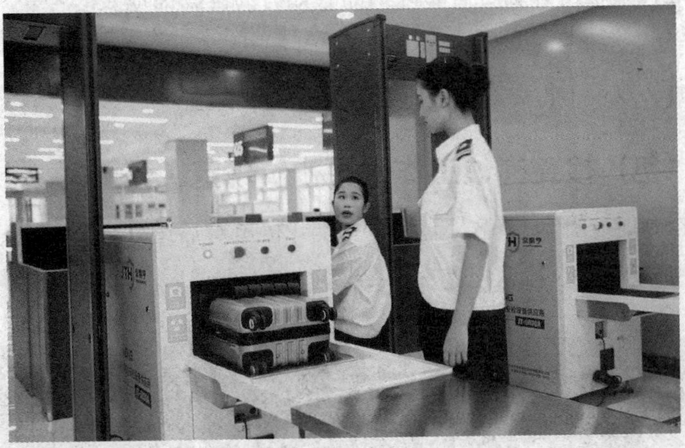

图 5—35　发出开包指令

图 5—36　通知开包检查员

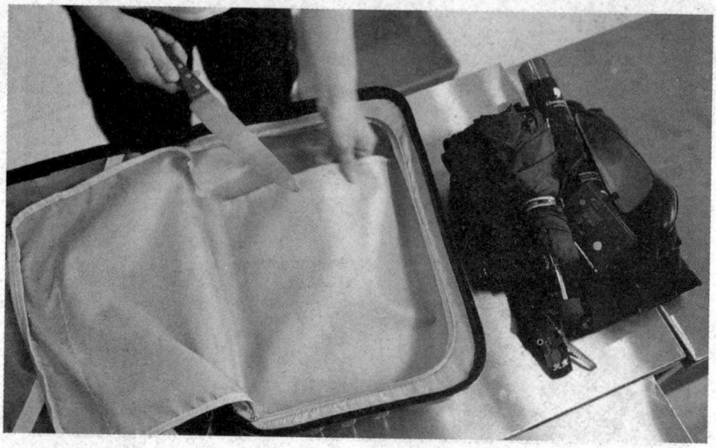

图 5—37　取出违禁品

（5）开机过程中应留意是否有易碎物品，如有易碎物品应及时停止机器，防止物品损坏。

（6）服务时，双手不得离开操控键盘，禁止跷二郎腿。

5. 开箱（包）检查岗位工作人员礼仪规范

（1）等待指令时，开包检查人员应站立于开机员身后约 0.5 米处，正视前方，注意站姿，如图 5—38 所示。

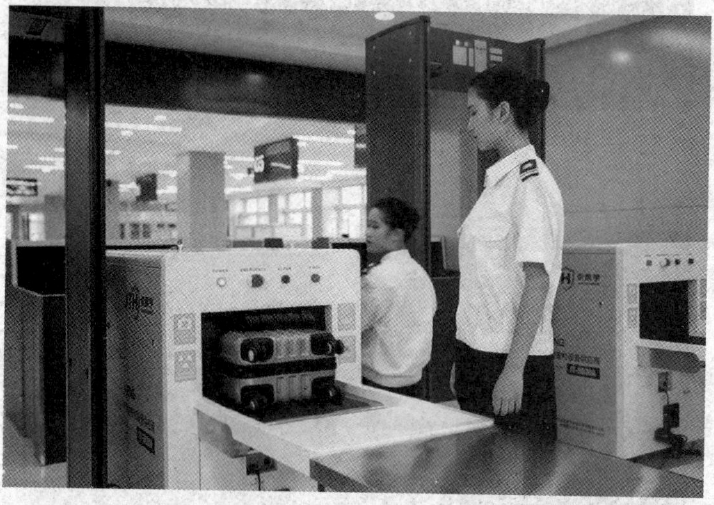

图 5—38　等待指令

（2）收到开机员的开包指令后，开包检查人员应清晰回应，如图 5—39 所示。

（3）请旅客到开包台接受行李开包检查，如图 5—40 所示。

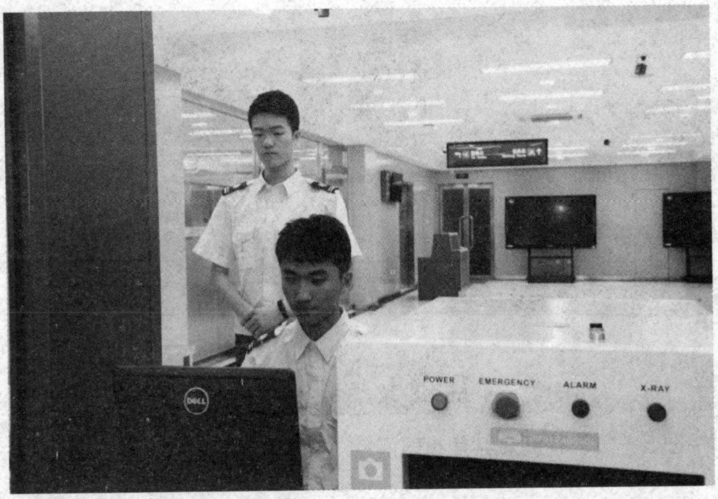

图 5—39　等待开包指令

图 5—40　请旅客到开包台接受开包检查

（4）询问旅客的登机时间，如图 5—41 所示。

（5）请旅客自行开包，禁止开包检查人员未经旅客同意进行开包检查，如图 5—42 所示。

（6）准确辨认违禁物品，并按照有关规定正确处理违禁物品，耐心向旅客解释相关的规定，做好台账记录，如图 5—43 所示。

（7）主动协助旅客装好行李，将行李重新过 X 光机，如图 5—44 所示。

（8）检查完毕后，提醒旅客带齐自己的行李物品进入隔离区，如图 5—45 所示。

图 5—41　询问旅客登机时间

图 5—42　请旅客自行打开箱包

图 5—43　向旅客解释相关规定

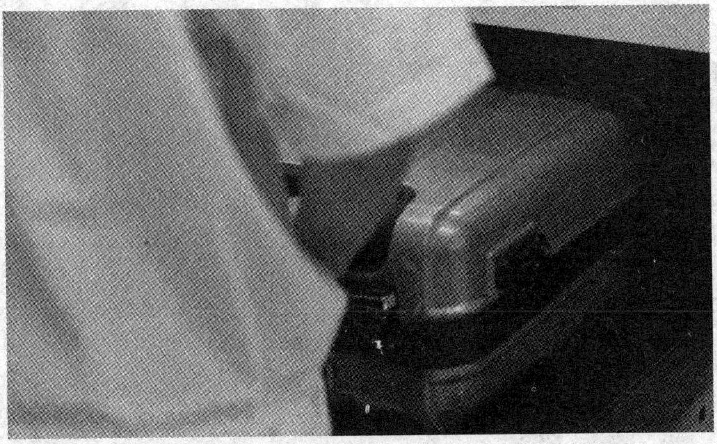

图 5—44　行李重新过 X 光机

图 5—45　请旅客进入隔离区

（9）服务时，禁止未经旅客同意打开行李检查，不得乱丢乱扔旅客的物品；不得用手指指点旅客，不得私拿私用旅客的物品，不可不帮助旅客复原行李就离开。向旅客解释相关规定时，不得表现不耐烦的情绪。

（10）开箱（包）检查岗位工作人员常用文明用语如下。

1）收到。

2）清楚。

3）先生 / 女士，您好，您的包需要打开检查，请到这边来。

4）请问您几点钟登机？

5）请打开您的行李。

6）先生/女士，您好，您的包需要重新过机检查，请稍等。

7）谢谢合作，请带齐您的行李物品。

8）祝您一路平安。

课堂实训

任务引入

情景1

某日，清晨6点半的广州白云国际机场安检区迎来大量旅客。外国旅客史密斯先生将登机牌递给安检人员肖明进行核验，肖明请史密斯先生出示身份证件时，发现其无法听懂英文，肖明也听不懂史密斯先生的语言。

情景2

人身检查处的安检人员张妮正在为王女士进行检查，发现王女士鞋面嵌有金属装饰，根据安全规定必须脱鞋复查，但王女士拒不配合。张妮反复解释，希望王女士能够配合进行二次安检，王女士情绪激动，拒检的态度仍然很坚决。

情景3

行李检查处的安检人员汪蕾正在仔细查看X光机显示器上的画面，发现某行李箱中放有两瓶超规格液体，经询问，该行李箱属于旅客江女士。

任务分析

情景1分析

安检人员必须严格遵守安全规定、履行工作职责，以确保民航安全作为最高准则。在此基础上，注意交流用语及体态语。如果遇到与旅客无法妥善交流的问题时，可借助辅助工具，如图片、展示品等。

情景2分析

依据民航局颁发的安检规则，经过安检员手持金属探测器检查发出警报的，均需经过X光安检机进行二次安检。因安检工作经常需要摸查，当个别旅客提出异议或不适时，应及时调整检查工作，在保障安全的基础上，尽量考虑旅客状态。上述情景中，当旅客出现激烈的反抗情绪时，应避免过度解释而发生正面冲突，尽量缓和事态并寻求第三方帮助，用语要避开敏感或可能再次引发误会的词汇，多从旅客的角度考虑问题。

情景3分析

二次开包检查时，应合理解释告知旅客民航法规对手提行李的规定要求，并提示旅客可选用的处理方法，指引旅客妥善处理超规物品。

任务实施

步骤1　迎客

安检岗位工作人员因分工不同，所处位置不同，通常需要轮换休息。在旅客少的时间，休息状态采用标准坐姿方式进行，当有旅客前来时，应立刻恢复工作状态。安检人员要求状态积极向上，面部表情柔和亲切，充分显示个人及团队的专业性。

步骤2　核验身份（情景1问题处理）

主动和旅客打招呼，微笑点头示意，请旅客出示身份证件，核验完毕后，微笑归还身份证件，并用手势引导旅客去往前传检查区。遇到外籍旅客时应使用正确简洁的英语，如"Good morning，Sir. Your ticket and passport，please"，发现旅客无法理解，可将重要内容重复，如"Sir，your passport，please"，如果仍无法沟通，可使用其他描述方式，或借助图片、实物等进行辅助沟通。

步骤3　物品传检

保持身姿仪态，运用标准手势和语言示意旅客将行李放在传送带上，并协助旅客在传送带上正确摆放随身行李，随后指示旅客前往安检门，进行后续核检。

步骤4　人身检验（情景2问题处理）

安检人员采用标准站姿站立并手持金属探测器，示意旅客通过安检门站在安检台上，动作位置精准、速度快，如果发现不明物品，可提示旅客将其取出再次检查。发现旅客王女士鞋上配饰需进行二次安检，应合理提示并协助旅客，如"抱歉女士，您鞋上的配饰较多，需要脱鞋进行二次安检，我帮您拿拖鞋，您请这边稍坐，我把鞋拿去过X光机"。在旅客出现抵触情绪时，耐心按规定进行解释，如"实在抱歉，女士，为了您和大家的乘机安全，希望您能配合"。王女士情绪激动，强烈表示拒绝后，应由其他安检员接替张妮工作，避免旅客与张妮的再次接触，进一步引发矛盾。检查完毕后，示意旅客并道谢，同时提醒旅客拿齐行李物品。

步骤5　行李开箱（情景3问题处理）

如果在物品传检过程中，发现需要开箱核查的行李，须礼貌告知旅客，同时及时问询旅客登机时机，避免旅客误机。提示旅客开箱取出可疑物品，如"您好，您的行李中有两瓶液体，超出单支100毫升规格要求，不可携带上机，请取出”。然后，提供旅客可选择的物品处理方法（自弃/交由送行人员保存/整体行李托运），将行李重新检查无误后，交旅客仔细收好，同时提示旅客，如“谢谢合作，请带齐您的行李物品”。

步骤6　送别

安全检查全部程序完成后，提醒旅客提拿好全部个人物品，并礼貌送别。

注：安全检查岗位工作人员礼仪评价表（课堂实训评价表）见附表3。

情景模拟练习

- 在检查过程中，遇到旅客要求必须是同性安检人员才可以进行人身检查，而当前班次中没有与其同性别的安检人员，应怎样处理？
- 在行李检查时，发现某件行李中存在不明物体需要开箱检查，但旅客拒不配合，应怎样处理？

第四节　客舱服务岗位工作人员礼仪与技能

客舱服务是民航服务人员（空乘人员）日常工作的主要组成部分，优质的服务是航空公司的基本义务，也是旅客享有的基本权利。空乘人员妥善完成飞行过程中的服务工作，不仅可以为旅客提供优质的乘机体验，同时也是对飞行安全的践行与保障。

一、客舱服务岗位概述

客舱服务是指在飞机起飞前、起飞过程中及飞机到达后在客舱内进行的一系列服务。因该工作自身的特点，客舱服务一般分为飞行前的预先准备阶段、飞行前的直接准备阶段、飞行中的飞行实施阶段和飞行后的航后讲评阶段。

1. 飞行前的预先准备阶段

飞行前按航空公司规定召开准备会，进行飞行前准备。准备会上要明确第二天航班的起飞时间、机型、飞机号、航线数据等各个方面的资料，要确认在遇到紧急情况时各个号位的职责。空乘人员必须对飞机上的各种设备了如指掌，机组还要协商好可能遇到各种突发事件时的应对措施。

执行飞行任务时必须携带空乘人员执照、登机证、预防接种证、健康证、护照等有效证件，还要携带相关业务资料、工作用品、走时准确的手表和一个处于良好工作状态的手电筒。

带班乘务长需检查 CF 包（乘务长包）内物品是否齐全，及时领取近期业务资料并主持航前乘务组准备会，准备时间不少于 20 分钟；准备内容有空防预案、紧急情况处理、人员等级分工、航线计划、餐饮供应，明确服务程序及近期业务通告，严格遵守所到国家出入境检验检疫标志管理办法和驻外管理规定等。

2. 飞行前的直接准备阶段

飞行前要提前 70 分钟到飞机上进行直接准备。首先，要检查旅客服务面板上的各种设备（如阅读灯、呼唤按钮、小桌板、座椅靠背等）的功能是否正常；其次，要检查空乘人员面板上的各种灯光、话筒、音乐等各设备是否完好，尤其要检查紧急状态下氧气瓶里面的氧气是否够用、灭火器是否合格、充气滑梯压力是否正常等；再次，在旅客登机前要点清楚餐食的配备及机供品，服务间里应该准备的各种饮料等，并对餐食的数量和质量把关，检查卫生间里的面巾纸、卷纸、洗手液和坐垫纸是否配备齐全；最后，检查客舱卫生，整理好个人仪容仪表，准备迎接旅客登机。

3. 飞行中的飞行实施阶段

旅客登机时，要先播放登机音乐，各个号位的空乘人员要站在各自的号位旁用鞠躬礼和敬语迎接旅客登机。在旅客登机的同时要向旅客介绍各号码对应的座位所在，协助旅客安放行李，帮助老幼病残孕旅客找到座位，整理行李架上的行李，并随时注意旅客的任何需要。

旅客全部登机完毕后，空乘人员通过演示或录像向旅客介绍客舱安全规定。内容如下：安全带的操作、氧气面罩的储存位置及使用方法、禁止吸烟的规定、救生衣的介绍。提醒旅客调直座椅靠背、收起小桌板、打开遮光板、扣好行李架，确认紧急出口和通道没有摆放行李，提醒旅客关闭手机或调至飞行模式。此外，空乘人员还要关掉服务间电源，扣好各种锁扣，关好衣帽间和烤箱的门等，飞机准备起飞。

飞机起飞 20 分钟后，空乘人员进行广播并开始发放报纸、毛毯、耳机等服务用具；依据民航局相关文件要求，90 分钟以下的航班不配送餐食，只提供小瓶矿泉水（非廉价且用餐时段航班），90 分钟以上的航班按照各航空公司服务规程要求，基本按照“餐前饮料—正餐—佐餐饮料”程序进行餐饮服务。有些航班还需要发纪念品、入境卡、海关申报单、健康申明卡等，并视情况帮助旅客填写这些表格，然后巡视客舱，注意旅客是否还有别的需要，如帮助睡觉的旅客关闭阅读灯和通风口、盖毛毯，询问刚醒的旅客是否需要进餐。最好在旅客提出需要之前就看出他们的需要，帮助他们解决问题。

飞机降落前下降，要再进行一遍安全检查，提醒旅客要系好安全带、调直座椅靠背、收起小桌板、打开遮光板、扣好行李架等。飞机落地，各个号位的空乘人员站在各自号位上送走旅客，之后检查客舱内是否有旅客遗留的物品。

4. 飞行后的航后讲评阶段

为提高服务质量，航班结束后由带班乘务长组织对飞行中的服务情况进行讲评，总结经验，对出现的问题和失误提出批评与改进措施，带班乘务长填写乘务日志，特殊情况要上报值班领导。

二、客舱服务岗位工作人员礼仪规范

1. 迎送工作的礼仪规范

客舱迎接恭送旅客（飞行前的直接准备阶段），包括迎客、送客两个环节。亲和的微笑能表现出空乘人员的善意、尊重和友好，会给旅客留下非常深刻的印象；舒心的问候对于融洽自己与旅客之间的感情有很大的帮助；端庄的仪态可以透露出空乘人员良好的修养，有了端庄的仪态，才能既尊重别人，又赢得别人的尊重；周到的迎接可以给旅客宾至如归的感觉，美好的送别可以让旅客留下美好的回忆。

（1）问候要积极主动

空乘人员向旅客问候一定要积极主动，这是职业和礼貌的要求，也会让空乘人员在此后的谈话交流和服务中取得主动。如果问候不主动，有可能因为旅客的走动、戴耳机、与他人交流而错过问候旅客的时机。此外，如果旅客先于自己问候，空乘人员一定要跟着问候旅客，不能没有反应。

（2）问候声音要洪亮、清晰、柔和

空乘人员问候旅客时，声音要洪亮，确保旅客能听得见。特别是在早晨、午后、傍晚旅客神经尚未完全兴奋时，大声的问候会使旅客感到兴奋，也使旅客对空乘人员有鲜明突出的印象，有利于活跃服务气氛。

空乘人员问候旅客时，吐字要清晰，确保旅客听得清楚。无论是中文问候还是英文问候，力求发音准确、不要含混不清，也不要语速太快，更不要应付了事，否则就达不到问候的目的。

空乘人员问候旅客时，语气要柔和，确保旅客听得舒服。语气生硬，便失去了友好和善的感觉，甚至会起到相反效果。

（3）问候要注意人物、时间及乘机状况

旅客的情况千差万别，他们身份不同、出行目的不同，所以问候方式也应灵活。例如，对于行李过多的旅客，可以说“欢迎登机，我来帮您吧”；对于匆匆赶来的旅客，可以说“您好，请不要着急，飞机还要等一会儿才起飞”；对于生病的旅客，可以说“请不要担心，我们会尽力照顾您的”。这些都是非常得体的问候。相反，如果对一个悲伤的人说“祝旅途愉快”，或者对一个外籍旅客说“您吃了吗”等，则是不合适的问候。

知识链接

乘务人员常用问候语

一、正常迎客的问候语

“先生／女士，早上／中午／晚上好！”

“欢迎登机！欢迎选乘××航空公司航班！”

“您的座位排数显示在行李架的下方蓝色（橘色）亮灯处。A、B、C座在您的右侧，D、E、F座在您的左侧（A、F座靠窗，C、D座靠通道）。”

“我能看一下您的登机牌吗？我来帮您找座位！”

“您的座位是×排×座，在客舱的前部／中部／后部，靠窗的／中间的／靠通道的座位。”

“您好，我可以帮您放行李吗？”

二、延误时迎客的问候语

“欢迎登机！”

“您辛苦了！”

“让您久等了！”

三、通道被堵塞时迎客的问候语

“先生／女士，您好，请您侧身让身后旅客先通过，谢谢！”

“对不起！请您先入座。您的行李一会儿我来帮您一起安排好吗？请您让后面的旅客先通过！”

四、送客时的问候语

“飞机已经完全停稳，您可以下飞机了。”

“请当心脚下！”

“欢迎您再次乘坐我们的航班！”

(4) 问候时的正确仪态规范

1）微笑。微笑时应真诚，发自内心。正确的姿势是微笑着注视旅客的眼睛，坦诚自信，明快地与旅客打招呼，欢迎旅客的到来。

2）站姿。站立时收腹、挺胸、提臀。女性空乘人员双手交叉，自然放于小腹部前，不露大拇指。男性空乘人员双手背于身后，双腿略开至与双肩平，或双腿并拢，双臂自然下垂，贴于身体两侧，给旅客留下挺拔、舒展、健美的印象。

3）走姿。在标准站姿的基础上行走，面带微笑，目视前方，自然稳健，要做到轻、稳、灵，不要给旅客留下忙乱、慌张的感觉。

4）鞠躬。迎客时应 15° 鞠躬，安全示范表演及起飞后致意应 30° 鞠躬，向旅客致歉应 45° 鞠躬。鞠躬时动作要慢，头部、颈部、肩部、背部要在一条直线上，须停留两秒钟，视线自然下垂。

5）指示方向。使用标准指示手势，如前摆式或侧摆式（见图 5—46）。

图 5—46　指示方向

6）开关行李架。以侧身向旅客，单手即可，避免同时举起双臂，动作轻且稳，检查行李架时应反扣以检查是否关紧。

7）在客舱相遇。空乘人员在客舱通道相遇时，应背对背侧身而过，始终正面面向旅客；与旅客相遇时，应停下来，侧身正面面向旅客，以手势请其先过。

8）交流。与旅客交流时，身体应与旅客成 45° 角，保持距离，站姿端正，目光注视对方，以示尊敬。谈话时，避免使用专业术语或边走边讲。对头等舱客人可采用蹲式交流（与左边旅客谈话左腿低，反之亦然，双手自然放在腿上）。在服务过程中多说一些简练、通俗、亲切的话语，让旅客感受到空乘人员既温馨又专业的服务。

2. 客舱巡视工作的礼仪规范

客舱巡视（飞行中的飞行实施阶段）是体现空乘人员服务技能和服务技巧的重要环节，直接关系到航空公司的服务质量和声誉。巡视时，随身携带一个空托盘备用，行进动作规范，面带微笑且脚步轻稳，与旅客的视线自然交汇。需捡拾物品或长时间与头等舱客人交流时，应采用标准蹲姿完成，动作自然流畅。

（1）与旅客沟通

1）亲切友好地与旅客交谈。与需要照顾的特殊旅客进行必要的交谈，与儿童旅客、老年旅客进行适当的交谈，与常旅客进行适当的交谈。

2）注意与旅客谈话的姿势应符合礼仪的要求，体现应有的礼貌，谈话内容避免涉及政治、宗教和个人隐私等。

3）当旅客将征询表、意见卡交与空乘人员时，要表示感谢，并进行适当的沟通。

（2）处理旅客需求

1）及时响应旅客呼唤铃。

2）关心本舱位的特殊旅客，主动询问服务需求。

3）及时了解旅客需求并进行处理。

4）耐心、积极地回答旅客的问询。

5）帮助旅客交换书报杂志，并询问阅读的旅客是否需要打开阅读灯。

6）对于抱怨、投诉的旅客，应真诚、耐心地听取意见，进行适当的劝解，并将情况上报乘务长。

（3）清洁洗手间

1）及时添补洗手间用品，始终保持洗手间卫生状况良好。

2）如有旅客等候在旁，应与旅客做好沟通。

（4）保持客舱的整洁卫生

1）做好客舱保洁工作，为旅客提供整洁、卫生的乘机环境。

2）仔细检查客舱卫生状况，注意保持客舱及服务台卫生、整洁。

3）确认所有手提行李合理存放，行李架关好，餐车锁定，确认出口畅通，确认旅客系好安全带，调直座椅靠背，收起小桌板、脚蹬，打开遮光板。

4）确保合适的客舱灯光和舒适的客舱温度。

（5）毛毯 / 枕头服务

1）主动询问特殊旅客是否需要。

2）根据旅客需要及时提供。

3）面带微笑，双手递送。

4）为睡觉旅客盖毛毯时，应在过道上轻轻展开毛毯，由下而上盖至胸口处即可，注意不要惊扰旅客。

3. 行李架操作工作的礼仪规范

空乘人员在航班上经常会帮助旅客安置和拿取行李，开启和关闭行李架，这本身是一项服务，又是一项安全检查的重要环节。每当飞机起飞前、落地前，空乘人员需要走进客舱，用单臂或双臂逐一进行安全检查，确保每一个行李架万无一失。该项工作的礼仪规范基本要求如下。

（1）身体面向行李架，手臂上举时姿态优雅。

（2）受到身高限制时，可以踮起脚来增加身体的高度。

（3）为旅客放置和提取行李时，身体面向行李架，双臂上举。

（4）进行客舱安全检查时，可采用单臂（左右均可）侧身检查行李架。

4. 报纸杂志服务工作的礼仪规范

（1）将报纸叠好后，相同的报纸摞在一起；杂志要每本分开排列成扇形。

（2）一只手四指并拢，手心向上托住报纸或杂志底部，拇指在里侧，另一只手并拢扶在报纸或杂志的左（右）上角。

（3）单独为旅客提供书报时，用不垫纸的小托盘送出。

（4）询问旅客是否需要打开阅读灯。

5. 客舱餐饮服务工作的礼仪规范

（1）端的礼仪规范

端盘时，要求双手端托盘的后半部，大小臂成 90° 角，四指并拢托住托盘的下部，拇指扶在托盘的外沿；端着装物品的托盘转身时，身子转，托盘不转；不可端着空托盘行走。

（2）拿的礼仪规范

手拿杯子、酒瓶等，应拿住其下部的 1/3 处；拿杯子时，无名指和小指托住杯底，其余三个手指扶住杯身。

单手拿空托盘时，托盘竖着拿，盘面朝里，四指并拢放于盘子的底部，拇指在盘子的内侧，拿托盘的手臂自然垂直在身体一侧。

（3）倒的礼仪规范

倒酒水、饮料时，左手垫一块餐巾纸后再拿杯子，拿住杯子下部 1/3 处，杯子倾斜成 45° 角，右手执瓶斟倒，如图 5—47 所示。

图 5—47　倒的礼仪规范

倒饮料至杯子容量的 70%，旅客为儿童时倒至杯子容量的 50%；倒带汽的酒或饮料时，应将杯子倾斜 45°角，以免泡沫溢出。倒葡萄酒时，应将酒杯放置在桌面上，红葡萄酒倒 1/3 杯，白葡萄酒倒 2/3 杯。

知识链接

机上常见饮品词汇中英文对照

Drink 饮料

Orange Juice 橘子原汁

Lemon Juice 柠檬原汁

Ginger Ale 姜汁汽水

Red Wine 红葡萄酒

Cider 苹果酒

Cocktail 鸡尾酒

Mineral Water 矿泉水

Orangeade，Orange Squash 橘子水

Lemonade 柠檬水

White Wine 白葡萄酒

Claret 波尔多红葡萄酒

Champagne 香槟酒

Liquor 白酒、烧酒

Shaohsing Wine 绍兴酒	Yellow Wine 黄酒
Kaoliang Spirit 高粱酒	Vodka 伏特加
Whisky 威士忌	Brandy 白兰地
Cognac 法国白兰地	Beer 啤酒
Gin 金酒 / 杜松子酒	Martini 马提尼酒

（4）送的礼仪规范

1）送物品时，应从前至后，先里后外，先左后右（先 A、B、C 座号，后 D、E、F 座号），先女士后男士，儿童旅客、老年旅客优先。送物品时，可双手赠送（见图 5—48），也可单手赠送。单手赠送时，面向机尾的空乘人员对 A、B、C 座号的旅客用右手送，对 D、E、F 座号的旅客用左手送，面向机头的空乘人员则相反。

图 5—48 送的动作礼仪

2）送礼品时，用大托盘装礼品，要求摆放整齐美观，礼品标记正面对着旅客，礼品要充足，并留有余地。

3）送饮料时，用大托盘，每盘摆 15 杯。用水车送饮料时，应注意将大桶饮料摆在水车中间，小桶饮料摆在四周，方便拿取，饮料标志向外，摆放整齐美观。杯子倒扣，高度不超过水车上最高的瓶子，咖啡和茶壶下垫一块湿毛巾。注意水车上的冷饮壶或热饮壶的壶嘴不要对着旅客，且壶内的热饮不要太满。

4）送小吃、纸巾时，应放在筐内或小托盘内，包装上的标记正对着旅客，方便旅客自取。空乘人员四指并拢，拇指卡边，不能伸进筐内或盘内。

5）送餐时，面朝机头一侧的餐车门在服务间内就打开，应由上至下抽取餐盘，热食靠近旅客，餐盘放在小桌板的正中，推餐车时注意随时踩住制动装置。

(5) 放的礼仪规范

空乘人员无论是在客舱还是在服务间放食品，均要遵守“轻”“稳”“准”的原则。

(6) 收的礼仪规范

收物品时，应先外后里；摆放在托盘或餐车上时，由里向外摆放，餐盒摞在一起时，最多不超过五个。杯子用饮料架收，餐盘用餐车收；餐车顶部放置一个托盘和一个饮料架，用来放空杯子；用过的餐盘由上至下摆放。

(7) 推、拉餐车的礼仪规范

推餐车时，双手应扶在餐车上方左右两侧，双手略用力推动餐车，但不可用力过大、速度过快，应保持餐车上的物品平稳，注意不要撞到旅客和座椅扶手。

拉餐车时，双手应扶在车上方的凹槽内，用力拉动餐车，并特别注意保持自己的重心稳定，如图 5—49 所示。

图 5—49　拉餐车的动作礼仪

课堂实训

任务引入

情景 1

航班起飞前，空乘人员正在客舱内进行起飞前的安全检查，此时空乘人员张凯发现紧急出口座位的旅客发生了变更，有两位怀抱婴儿的年轻父母坐在紧急出口座位。张凯上前告知旅客，紧急出口座位的旅客需要承担相应的安全辅助工作，为了飞行安全，希望两位旅客配合，换回原本座位。但是旅客拒不配合，且拒绝将他们座椅下的行李放回行李架中。

情景 2

飞机水平飞行后，空乘人员正在进行餐饮服务，后舱卫生间烟雾警报器突然响起，空乘人员李莉发现一名男士（孙先生）慌慌张张地从该卫生间走出来，并有一股明显的烟味飘来。

任务分析

安全检查工作是空乘人员在客舱服务过程中的核心工作之一，为了充分保证机上旅客及机组人员的生命安全，必须严格按照相关安全管理规定执行。

情景 1 分析

根据安全要求，紧急出口座位处的旅客年龄应为 15 ~ 60 周岁、身体健康、行动便利，能够理解并复述空乘人员的指令，愿意并能够在紧急情况下帮助空乘人员协助机上其他旅客撤离，且特殊旅客（包括老年旅客、重要旅客、孕妇旅客等）不可坐于紧急出口座位。保证客舱安全是空乘人员的核心职责。当安全规定与旅客的需求发生冲突时，应妥善运用各种方法，在保障安全且不违反相关规定的前提下，尽量满足旅客的需求。

情景 2 分析

依据我国相关条例规定，我国境内所有航班均为禁烟航班，机上吸烟（包括电子烟等）为违法行为，应承担相应法律责任。空乘人员在机上服务与管理过程中，应随时监控、干预长时间使用卫生间的情况，出现吸烟情况应及时通报全组人员并给予全面处理，确保后续飞行安全。

任务实施

步骤 1　迎客

空乘人员应在客舱内均匀分布，以便旅客登机时可以及时帮助旅客查找座位、放置行李，面带微笑并致意“您好”“欢迎乘机”等。及时调整行李架状态，并确认紧急出口旅客资格。当发现有怀抱婴儿的旅客落座于紧急出口座位时，应及时给予干预并调换座位：“您好，女士 / 先生，请您稍等，这里是紧急出口座位，不能调整座椅靠背也不能在座椅下方存放行李，对于您的出行并不方便，我帮您调换一个更合适的座位好吗”。

步骤 2　情景 1 问题处理

紧急出口旅客不符合乘坐资格，且不愿更换时，应及时了解旅客的情况和需求，年轻夫妇选择坐在紧急出口，多是因紧急出口座位间距较宽，便于一同照顾婴儿，随身行李放在座位下，方便及时拿取物品。可帮助旅客调整其他符合其需求的位置，并协助更换座位，同时向旅客的理解与支持表示感谢：“您好，女士，为了您在旅程中可以更好地照顾宝宝，我为您和先生在前舱找到了一排座位，我帮您把行李拿过去放好，您看可以吗？”“非常感谢您的理解与配合！”

步骤 3　起飞前安全工作

播放安全演示录像或人工进行安全演示，完成客舱内安全检查工作，确认旅客系好安全带、调直座椅靠背、打开遮光板，手机等电子设备均关机或调整为飞行模式。随后，完成服务间安全检查。

步骤 4　餐饮服务

飞机水平飞行后，烘烤餐食并开始餐饮服务。依据飞行时间长短及舱位划分，选择相应餐饮服务程序进行餐饮服务，注意拿取 / 回收餐食、递送饮品的动作细节。同时，应有空乘人员留守于服务间。

步骤 5　情景 2 问题处理

进行餐饮服务时，卫生间烟雾警报器响起，且空乘人员李莉看到了使警报响起的可疑人员，则应第一时间留下该先生：“您好，先生，请您稍等。麻烦您出示登机牌，谢谢。”将该旅客信息留存，及时通报同组人员及机长，并请安全员协同处理。

步骤 6　客舱巡视

每 10 ~ 15 分钟巡视一次客舱。出客舱时，需携带一个空托盘，以便及时回收旅客不需要的物品。巡视客舱时，关注被调整座位的怀抱婴儿的旅客，适当询问是否需要帮助；同时监管机上吸烟旅客，以防发生其他不良事件。

步骤 7　飞机下降前安全检查

再次确认客舱内旅客的情况，并及时完成服务间的安全检查与确认工作。单独确认怀抱婴儿的旅客，提醒旅客安全使用婴儿安全带并回收婴儿摇篮；再次通报全组确认吸烟旅客的位置，依据机长要求确认其是否可以正常下机。

步骤 8　送客

空乘人员均应出现在客舱内，面带微笑并协助需要帮助的旅客提取行李，向旅客道别。

步骤 9　清舱检查

送客后，空乘人员及时清查客舱，确认无旅客遗留物品后，请地面工作人员登机，做卫生清洁工作。

注：客舱服务岗位工作人员礼仪评价表（课堂实训评价表）见附表 4。

情景模拟练习

● 有一位年轻母亲独自带着一名婴儿乘机，餐饮服务时，女士向空乘人员寻求帮助：婴儿此时需要更换纸尿裤，但机上卫生间门口均有多人在排队。应如何处理？

第五节　各岗位工作人员服务特殊旅客礼仪与技能

安全、快捷、舒适是民航运输的一大特点，空乘人员的服务工作是实现这一特点的一个重要前提。因此，在服务中要求空乘人员以最大的细心和耐心对待旅客，合理满足旅客的要求，真正做到“想旅客之所想，急旅客之所急”，另外，还要针对不同旅客的情况和要求，为其提供特色服务。

一、服务老年旅客的工作礼仪规范

老年旅客一般年迈体弱，即使没有患病，在乘机旅行的过程中显然也需要他人的帮助，空乘人员在服务过程中一定要仔细，要有耐心，语气要舒缓，动作要慢且稳，特别是要尽量尊重老年旅客的意愿。

在登机过程中，空乘人员一定要热情打招呼，给老年旅客营造一个愉快放松的氛围，引导他们找座位就座，帮助他们安放行李。起飞前重点为其介绍客舱设备、安全注意事项，特别是帮助他们使用并系好安全带，教他们怎么使用呼唤铃，告诉他们不管有什么需要都可按压呼唤铃找空乘人员帮忙，同时可寻求周围旅客的帮助，获得支援。遇有航班延误，除了广播说明原因外，还要单独为老年旅客进行解释，做好安抚工作，让他们不要着急，必要时可请其与亲属通电话，说明情况，老年旅客与亲人交流后，会有效减缓心里的焦虑。

飞机起飞后，要了解老年旅客有什么需求，如有空座位时，可以为其更换一个相对舒适的座位，这对于单独乘坐长途航线的老年旅客来说很有帮助；关注老年旅客对客舱温度是否适应，为其做好保暖工作；提供餐饮时，优先满足老年旅客的需要，从机上的实际情况出发，建议老年旅客选择一些热量高、易消化的食品，如面包、蛋糕、面条、酸奶、鱼肉、巧克力及水果等；客舱空气干燥，建议老年旅客多喝些温开水，少喝冷饮、咖啡；老年旅客用餐速度较慢，一定不要催促。

餐后，如果是长途飞行，应对老年旅客提供更多的照顾和帮助。高空氧气含量和客舱压力的变化会对老年旅客有影响，需要及时了解他们的身体状况，询问其有没有不适，做好监控。很多老年旅客自尊心很强，不会主动请求别人帮忙，或怕给别人带来麻烦，空乘人员需要主动去跟他们聊天，让他们不感觉孤独，精神上的愉悦能有效缓解疲劳，同时也可以进一步了解他们的需求。长时间久坐时脚会发麻，要提醒老年旅客起身活动。如果是国际航班，由于时差问题，老年旅客还可能会出现睡眠困难的情况，空乘人员对此也要给予关注。起飞或着陆阶段，由于客舱压力的变化，有些老年旅客会出现耳压增大现象，可以教他们一些简单的动作以缓解不适，如吞咽、捏着鼻子鼓气等。

飞机下降前，了解清楚老年旅客后续的转机、行李问题，以及是否需要轮椅等，解决他们的后顾之忧。

知识链接

老年人乘机注意事项

如果是70岁以上的老年人乘机，且身体状况不佳或处于生病状态，应提前到医院做检查，由医院出具可乘机证明后方可乘机。订票时向航空公司详细问清楚相应的程序与规定，以方便乘机。如果需要轮椅或对餐饮等有特殊要求，可在购票时提前声明，并办理相应的特殊旅客乘机手续，以便航空公司提前做好准备。

第一次乘机以及对乘机程序、环境不了解的老年人，或者行动不便又无亲人陪伴的老年人独自乘机时，建议办理“无人陪伴”服务，到时会有专门的工作人员陪护、引导、帮助，登机时，由工作人员优先将其送上飞机，与空乘人员办好交接手续，空乘人员会给予精心照顾。飞机到达目的地后，空乘人员会扶送老年人下飞机，与地面工作人员交接，由地面工作人员护送出机场或转机。机场和航空公司一般都会提供这项免费服务。

如果老年人有糖尿病、高血压、静脉炎病史，则不适合长途飞行。如果进行长途飞行，尽可能在机舱内多活动。心脏功能没有明显障碍、身体健康的高龄老年人是完全可以放心乘坐飞机的，只是在长途旅行时，老年人应尽量选择乘坐舒适程度较高的大型飞机。

独自乘机的老年人最好不要带太多物品登机，较重的物品可以提前办理托运。乘机前，家属可将常用药品让老年人随身携带，同时将一些注意事项写在便条上，放在老年人衣服的口袋里，提醒老年人上机后交给空乘人员，方便空乘人员进行照顾。

二、服务儿童旅客的工作礼仪规范

儿童旅客性格活泼、顽皮、好动又天真幼稚，喜欢模仿，但判断能力差，对新鲜事物有着强烈的好奇心，易乱摸乱碰飞机上的一些设备。因此，空乘人员在为儿童旅客服务时，应给予他们更多的协助、关心与照顾。

1. 对有成人陪伴儿童旅客的服务

（1）应当确保儿童旅客有成年旅客陪伴。

（2）不能让儿童旅客坐在紧急出口座位处。

（3）可为儿童旅客提供玩具或者故事书。

（4）空乘人员应告知儿童随行旅客，避免儿童在客舱内走动、玩耍，以免受伤或妨碍空乘人员工作。

（5）注意避免儿童旅客随意乱动紧急出口或者卫生间内的设备。

（6）提供儿童专用餐点（饼干、糖果等）。

（7）起飞、着陆时注意帮助或提醒儿童旅客正确使用安全带。

2. 对无成人陪伴儿童旅客的服务

无成人陪伴儿童指年龄满 5 周岁但不满 12 周岁，没有年满 18 周岁且有民事行为能力的成年人陪伴乘机的儿童。

（1）当乘务组接到无成人陪伴儿童乘坐飞机的通知时，就要根据现有条件准备一些儿童读物、玩具、纪念品和餐食等，或事先向有关部门提出要求。成年人在为儿童购票时应提出申请并填写申请单，起飞前要出示机票，填写“无成人陪伴儿童交接单”。地面工作人员必须在无成人陪伴儿童衣服上佩戴统一标志，并负责把儿童送上飞机。

（2）应安排无成人陪伴儿童优先登机，将其安排在空乘人员易于照顾的座位就座，帮助其放置好随身行李。饮食上应尽量照顾儿童旅客的生活习惯和心理要求，餐食温度要适中，饮品注意大约倒至其所用杯子的一半容量即可，以免儿童旅客不小心碰洒。空乘人员应经常观察儿童旅客是否有不适应的情况，每隔一段时间向其询问是否需要帮助，并注意根据冷暖为其增减衣物或加盖毛毯。

（3）飞机下降时，如果儿童旅客在睡觉，应将其叫醒，并帮助其系好安全带。

（4）在飞机停稳并开始下客后，应尽量安排儿童旅客在其他旅客之后下飞机。做好与地面工作人员的交接工作，检查无人陪伴儿童旅客的各类文件，帮助其整理随身携带的物品，等待与地面工作人员进行交接。带班乘务长将签过字的“无成人陪伴儿童乘机申请单”交予工作服务人员，同时请地面工作人员签字，并留存其中的一联。

（5）航班结束后，根据无成人陪伴儿童旅客的乘机信息与儿童旅客的监护人取得联系，安排专人迎接并协助儿童旅客办理到达手续，再将儿童旅客移交给其监护人进行照顾。

（6）如果遇到航班延误、取消或等待等特殊情况时，带班乘务长要及时与地面工作人员取得联系，必要时，将儿童旅客移交给地面工作人员。

三、服务婴儿随行旅客的工作礼仪规范

婴儿随行旅客是指随身带有旅行开始之日时出生已满 14 天但未满 2 周岁婴儿的旅客。婴儿不单独占座位，票价按成人公布普通票价的 10% 计收，但每个成人的随行婴儿中只能有一人享受这种票价，超过限额的婴儿应按相应的儿童票价计收，可单独占一个座位。为了保证旅客的安全，出生后未满 14 天的婴儿不可乘机。

登机迎客时，乘务长应指定一名空乘人员帮助婴儿随行旅客提行李，但一般不要帮助抱婴儿。帮助婴儿随行旅客安排座位，最好安排在前排或者能挂摇篮的地方，但婴儿不能安排在紧急出口位置，且婴儿的头不能向着过道方向。符合规定的婴儿车可带上飞机，空乘人员应将婴儿车放置在衣帽间或座位底下（沿着机舱壁板方向放）。

登机后，空乘人员应主动向婴儿随行旅客介绍机舱内服务设备，特别是呼唤铃、通风器、卫生间的位置及使用方法和为婴儿换纸尿裤的设备等。调整好通风器，以免通风口直接对着婴儿，使其受凉。

飞机起飞后，空乘人员应主动询问婴儿随行旅客是否需要摇篮。提醒婴儿随行旅客在起飞、下降和颠簸时保护好婴儿。

婴儿随行旅客为婴儿喂食时，空乘人员应主动向其询问婴儿喂食、水的时间和喂食量，以及有无特殊要求等，并根据要求协助婴儿随行旅客，为婴儿旅客更好地服务。为婴儿旅客准备所需的饮品或餐品时，要注意加热的时间、味道、饮品或食物的流质程度及餐饮器具等方面的要求。

婴儿随行旅客为婴儿换纸尿裤时，一般在洗手间内（婴儿护理台）进行，当飞机上没有这种设备时，可在座椅（空乘人员座椅、空的旅客座位）上操作，并事先在座椅上垫一块毛毯（用过后另外存放，并在客舱记录本上记录，由机务人员拿去清洗），替换下的纸尿裤丢弃在卫生间的垃圾箱内。

飞机下降时，空乘人员应提醒婴儿随行旅客唤醒睡觉的婴儿。落地后，帮助婴儿随行旅客整理好随身携带的物品，提醒其抱好婴儿。

知识链接

不占座位婴儿旅客在飞机上的安排

众所周知，随着飞机高度的上升，空气会越来越稀薄，氧气含量也会逐渐降低。飞机在高空飞行时如果突然失压，或遇到其他紧急情况时，旅客头顶上方面板中的氧气面罩将会自动脱落，为旅客提供氧气。如果氧气面罩不能自动脱落，机组人员也可以在驾驶舱内人工操作使氧气面罩脱落。

接下来，旅客只需要轻轻拉下氧气面罩，系统服务组件内的化学氧气发生器就可释放出氧气，然后把面罩罩在口鼻上就能吸入氧气。

然而，民航客机（以波音737-800为例）的每排座位只多出两个氧气面罩。这两个多出来的面罩就是专门为婴儿旅客提供的。因此，航空公司要强制安排一排座位只能有两个不占座位婴儿旅客。

四、服务孕妇旅客的工作礼仪规范

怀孕32周（含）以下的孕妇旅客乘机，除医生诊断不适宜乘机者外，可按一般旅客运输。怀孕超过32周但不足35周的孕妇旅客乘机，应办理乘机医疗许可，该许可应在乘机前7天内签发有效。

下列情况一般不允许承运：怀孕35周（含）以上者，预产日期在4周（含）以内者，预产期不确定但已知为多胎分娩或预计有分娩并发症者，产后不足7天者。

在服务上，空乘人员要考虑孕妇旅客的安全，体谅其身体的不便，应主动帮其提拿、安放随身物品，一般安排在比较宽敞和便于空乘人员照顾的座位就座；可提供一个小枕头垫在孕妇旅客的背后，使其更舒适；主动向孕妇旅客介绍客舱设备的使用方法，特别是呼唤铃、清洁袋、卫生间的位置和使用方法；调节通风器风口，避免孕妇旅客着凉。

在飞行途中，要随时了解孕妇旅客的情况，并随时给予照顾；飞机起飞、下降前，将一块毛毯垫在孕妇旅客的小腹下部，再将安全带系在大腿根部，并示范打开的方法。

如遇孕妇旅客提前分娩，空乘人员要及时通知机长，通过客舱广播寻求医护人员，并疏散孕妇旅客附近的其他旅客，尽快将其安排到与客舱隔离的适当位置。空乘人员准备应急医护用品并进行消毒，广播后如果机上没有医护人员，空乘人员应按急救常识直接协助孕妇分娩。

知识链接

孕妇乘机注意事项

1. 在乘机前，孕妇应该保证充足的睡眠，稳定情绪，以较好的精神状态进行航空旅行。应少吃容易导致胃肠胀气的食物，以免高空气压变化时出现腹胀甚至呕吐。

2. 避免选择靠近过道的座位，以防被过往旅客或餐车不小心碰撞。

3. 在飞机上每隔一小时应走动一下，让下肢血液循环畅通，也可定时做一些简单的运动，如活动下肢、转动脚踝。

4. 孕妇容易饥饿，应事先准备一些食物随身携带。

5. 穿宽松、柔软的衣服，注意保暖；请空乘人员在自己的背后放个小枕头，以缓冲颠簸。

6. 孕妇乘机安全带有特殊系法，必须和普通人有所区别。首先要调整腰部护带，将其放在隆起的腹部下方，绝对不要放在上方，最好在安全带扣下加垫毛毯、衣物等柔软物品进行防护，这样可以减少飞机颠簸时带扣对腹部的碰撞，如果有肩部安全带的话，同时要系好肩部安全带。腹部的安全带略宽松，肩部的略紧即可。

五、服务病残旅客的工作礼仪规范

病残旅客是指身体上、精神上或生理上有病态，或在乘机过程中突然发病的旅客。

此类旅客在航空旅行中不能自行照料自己的旅途生活，需要他人帮助照料。主动服务是每位空乘人员的基本工作态度，特别是对病残旅客。

1. 对轮椅旅客的服务

轮椅旅客要优先登机，最后下机。空乘人员要主动帮助旅客提拿和安放随身携带的物品及轮椅，协助其就座后帮其系好安全带。如果旅客用餐或去洗手间有困难时，空乘人员应主动细心地给予帮助。行动不便的旅客如果未随身携带轮椅，乘务长必须在飞机到达目的地之前通知机组人员，由机组人员提前与地面工作人员联系使用轮椅，方便旅客下飞机。

2. 对担架旅客的服务

担架旅客乘机时，空乘人员要事先了解其病症、到达站有无医务人员或亲属陪同、担架是否随机及有无特殊要求等。担架旅客通常先上飞机，如果担架随机，空乘人员应协助将旅客和担架安置在普通舱后三排左侧；如果担架不随机，可在座椅上铺垫毛毯、枕头，根据病情让旅客躺卧，帮助系好安全带。飞行中指定专人负责，经常观察、询问病情，根据情况妥善照顾。供应饮料和餐食时，要与旅客或陪同人员商量，也可协助进食。了解到达站有无车接，必要时，可根据旅客要求报告机组与地面联系安排有关事宜（在某些情况下需要旅客自付费用）。飞机下降时，检查旅客是否系好安全带，提醒其躺好扶稳，到达目的地后，担架旅客应最后下机，下机时空乘人员要协助其整理、提拿手提物品。

3. 对伤残旅客的服务

对于使用拐杖的旅客要留心观察，当发现旅客需要站立行走或去卫生间时，应尽快将拐杖递给旅客并热情搀扶引导，帮助其打开卫生间门，介绍卫生间设备及使用方法，在外等候并扶送旅客回座位。

4. 对盲人旅客的服务

盲人旅客是指双目失明的旅客，不是指眼睛有疾病的旅客（眼睛有疾病或者视力受到严重损伤的旅客不属于盲人旅客）。对盲人旅客的服务应按病残旅客的有关服务规范执行。

登机时，空乘人员应主动热情地搀扶盲人旅客，搀扶的正确方法是让旅客搀扶自己的手臂，遇到障碍物时要随时告知旅客。

旅客就座后，空乘人员需马上帮助其安放手提物品，向旅客介绍安全带、呼唤铃、座椅及餐桌的使用方法，介绍紧急设备的方向、位置及使用方法，协助其触摸各种服务设备的位置并教会其使用。

在供应餐食和饮料时，空乘人员要向旅客介绍餐饮的种类，并提供专门服务。在为旅客提供餐食服务时，空乘人员要向旅客介绍各种食品在盘中的位置，告诉旅客从哪种食物开始食用，并提醒旅客哪种食物要注意防烫。

5. 对聋哑旅客的服务

聋哑旅客是指双耳听力有缺陷或者不能说话的旅客。登机后，空乘人员应主动向聋哑旅客示意安全带、座椅、阅读灯、呼唤铃等设备的使用方法。交谈时，空乘人员要面对旅客交谈，应放慢说话的速度，因为许多聋哑人会读唇语。如果空乘人员有不明白的地方则需要借助符号或手势，但必须要有礼貌。到达目的地后，必须将聋哑旅客送交地面工作人员。

6. 对晕机旅客的服务

晕机旅客是指在乘坐飞机期间出现头晕、呕吐或呼吸困难等现象的旅客。

遇有晕机旅客，空乘人员应主动上前询问晕机旅客乘机前后的情况和有无晕机史，并加以安慰。根据症状让旅客松开领口、腰带、安全带等，帮助其调整座椅靠背、打开通风器，让旅客休息，帮其打开清洁袋，及时送上温开水、毛巾，必要时在征求晕机旅客或随行旅客同意的情况下提供晕机药品。

旅客呕吐时，不可嫌弃，可轻声安慰旅客并用手在旅客的后背自下往上轻抚，及时更换清洁袋。旅客呕吐后，送上擦手、脸的毛巾和漱口的温开水，及时擦净被弄脏的衣服、行李和地毯，必要时在周围喷香水。如果座位被弄脏，条件许可时可为旅客调换座位，没有空座时，可擦干净后铺上毛毯再让旅客就座。对于晕机情况严重的旅客，应提供氧气。

课堂实训

任务引入

2019年2月某机场正在经历春节后的返程高峰期。8岁的小男孩鹏鹏背着书包，与爷爷一起来到机场，准备乘飞机回家。但爷爷不知道如何为鹏鹏办理独自乘机手续，于是祖孙二人一同来到了机场问询处，找到了值班的张敏，并在出发地地面工作人员唐玲的指引帮助下，完成了从值机、安全检查及登机的全部过程。登机时，唐玲将鹏鹏交给了登机口工作人员王彬，由他将鹏鹏交接给空乘人员。在经历了两个半小时的飞行后，鹏鹏顺利抵达目的地，并在目的地地面工作人员王红的帮助下，找到了前来接机的父母。

任务分析

8 岁的儿童旅客独自乘机，需满足民航局对特殊旅客的要求，办理无成人陪伴儿童手续，且旅行全程必须由工作人员陪伴，从出发地接到、至抵达目的地后交接给接机家长，需要民航服务各部门工作人员的通力配合、精诚服务。

任务实施

步骤 1　机场问询

鹏鹏和爷爷抵达机场时，首先到问询岗位工作人员处寻求帮助。张敏在听取鹏鹏爷爷的问题后，及时作出无人陪伴儿童乘机处理反应，协助爷爷和鹏鹏到值机柜台处，办理乘机手续，并将鹏鹏独自乘机的信息及时全面地反馈给值机人员，通报机场地面工作人员唐玲，做服务交接。

步骤 2　值机

有旅客前来，值班人员主动立迎问候“您好”，礼貌问询旅客航班信息并收取身份证件。值机人员收到张敏反馈的无成人陪伴儿童乘机信息后，依据鹏鹏的具体情况及个人需求，在满足配载平衡的前提下，尽可能为鹏鹏选择合适的非紧急出口座位。收运行李时，仔细询问鹏鹏和爷爷，托运行李中是否有不合规或超规物品。完成值机手续后，礼貌送别旅客，将特殊旅客信息传递给机上乘务人员，并与地面工作人员唐玲做好交接工作。

步骤 3　安检区身份核验

由于鹏鹏独自乘机，则在送机过程中，所有证件和物品应由唐玲保管。抵达安检区进行身份核验时，唐玲应主动协助鹏鹏出示身份证件并完成身份确认。然后引导鹏鹏前往物品传检区。

步骤 4　物品传检

安检人员运用标准手势，示意旅客将行李放在传送带上，并协助旅客在传送带上正确摆放随身行李，随后指示旅客前往安检门，进行后续核检。唐玲需确认鹏鹏的个人物品均完成传检，并指引他完成人身检验。

步骤 5　人身检验

安检人员正常站立并持拿手持金属探测仪，示意旅客通过安检门。由于鹏鹏是 8 岁的儿童，问候措辞可适当更改，以便理解。如“小朋友，阿姨 / 叔叔需要帮你做一下检查，配合我好吗”，并示意鹏鹏站在安检台上，提示其请抬起双手，动作位置要精准，速度快，可随时与儿童交流，防止其恐惧害怕。如果发现有不明物品，可提示旅客将其取出再次检查，如“小朋友，你的口袋里装的是什么呀？可以给我看看吗”。检查完毕后，示意旅客并道谢，如“谢谢你，小朋友”，同时提醒唐玲拿齐行李物品。

步骤 6　登机

通过安检环节后，唐玲需带鹏鹏前往登机口，并将鹏鹏的行李物品与身份证件交接给登机口工作人员王彬，由王彬完成后续工作。唐玲和鹏鹏道别，同时告知他：“鹏鹏，后面的旅途由王叔叔帮助你，祝你一路平安。”

步骤 7　客舱服务

登机时，王彬将鹏鹏及其个人物品交接给当班乘务长，由乘务长指定专人完成飞行全程的服务工作。空乘人员接到鹏鹏后，应主动致意：“鹏鹏，你好，今天由我陪你完成这次旅行，你可以叫我 ××，好吗”，随后带鹏鹏到达座位，并妥善安放行李物品。空乘人员在合适的时间告诉鹏鹏安全带的使用方法、卫生间的位置及如何找到空乘人员等，并与鹏鹏确认：“下飞机的时候一定要等我来送你，好吗”，服务过程中全程保持关注，为鹏鹏选择合适的餐食饮品，随时询问其状态并最终送下飞机。

步骤 8　送客

空乘人员均需出现在客舱，面带微笑并协助需要帮助的旅客提取行李，道别送客。要有专人帮助鹏鹏拿取所有个人物品并送下飞机，与目的地工作人员王红做好信息交接。

步骤 9　地面交接

王红接到鹏鹏后，应帮助鹏鹏提取托运行李，并送至接机亲属处。完成相应工作后，礼貌道别。

注：服务特殊旅客的工作礼仪评价表（课堂实训评价表）见附表 5。

情景模拟训练

- 杨芳有晕机史，因工作原因需要乘飞机从北京飞往昆明，飞行时间大概三个半小时。她上飞机后把自己晕机的情况主动告诉了乘务员李文，李文应该如何为杨芳提供服务？在服务的过程中应该注意哪些礼仪？

思考与练习

1. 民航服务人员在值机过程中涉及哪些礼仪要点？
2. 民航服务人员在安检过程中的礼貌用语及禁忌用语有哪些？
3. 盲人旅客独自抵达机场后，可能需要哪些额外的帮助？

附　录

附表 1　　值机岗位工作人员礼仪评价表（课堂实训评价表）

<table>
<tr><td>姓名</td><td></td><td>评价结果</td><td colspan="4"></td></tr>
<tr><td>评价项目</td><td colspan="2">评价标准</td><td>自我评价</td><td>小组评价</td><td>教师评价</td><td>总评</td></tr>
<tr><td>职业形象（20 分）</td><td colspan="2">是否按规定着装、整理仪表</td><td></td><td></td><td></td><td></td></tr>
<tr><td>用语礼仪（10 分）</td><td colspan="2">是否规范使用服务用语</td><td></td><td></td><td></td><td></td></tr>
<tr><td>服务标准（20 分）</td><td colspan="2">是否注意按老年人的服务要点进行服务</td><td></td><td></td><td></td><td></td></tr>
<tr><td>标准仪态（10 分）</td><td colspan="2">1. 是否始终保持微笑
2. 是否五步立迎，三步问候
3. 是否双手递送身份证件
4. 其他仪态是否符合标准</td><td></td><td></td><td></td><td></td></tr>
<tr><td>情景处置（10 分）</td><td colspan="2">是否能够针对旅客的要求进行规范、妥善、周全的处理</td><td></td><td></td><td></td><td></td></tr>
<tr><td>有效沟通（20 分）</td><td colspan="2">是否可以和旅客进行有效沟通</td><td></td><td></td><td></td><td></td></tr>
<tr><td>团队协作（10 分）</td><td colspan="2">是否有团队合作等意识</td><td></td><td></td><td></td><td></td></tr>
<tr><td>学生签名</td><td colspan="6"></td></tr>
<tr><td>组长签字</td><td colspan="6"></td></tr>
<tr><td>教师签字</td><td colspan="6"></td></tr>
<tr><td colspan="7">学生小结
做得好的地方：
做得不好的地方：
存在的困难：
需改进的内容：</td></tr>
<tr><td colspan="7">教师评语：</td></tr>
</table>

附表 2　候机楼问询岗位工作人员礼仪评价表（课堂实训评价表）

<table>
<tr><td>姓名</td><td></td><td>评价结果</td><td colspan="4"></td></tr>
<tr><td>评价项目</td><td colspan="2">评价标准</td><td>自我评价</td><td>小组评价</td><td>教师评价</td><td>总评</td></tr>
<tr><td>职业形象（20 分）</td><td colspan="2">是否按规定着装、整理仪表</td><td></td><td></td><td></td><td></td></tr>
<tr><td>用语礼仪（10 分）</td><td colspan="2">是否规范使用服务用语</td><td></td><td></td><td></td><td></td></tr>
<tr><td>标准仪态（10 分）</td><td colspan="2">1. 是否始终保持微笑
2. 是否在指示时做到远近区别
3. 是否在道别时做到目送旅客
4. 其他仪态是否符合标准</td><td></td><td></td><td></td><td></td></tr>
<tr><td>服务标准（20 分）</td><td colspan="2">是否能够做到首问责任制</td><td></td><td></td><td></td><td></td></tr>
<tr><td>情景处置（10 分）</td><td colspan="2">是否能够针对服务对象的要求进行规范、妥善、周全的处理</td><td></td><td></td><td></td><td></td></tr>
<tr><td>有效沟通（20 分）</td><td colspan="2">是否可以和旅客进行有效沟通</td><td></td><td></td><td></td><td></td></tr>
<tr><td>团队协作（10 分）</td><td colspan="2">是否有团队协作等意识</td><td></td><td></td><td></td><td></td></tr>
<tr><td>学生签名</td><td colspan="6"></td></tr>
<tr><td>组长签字</td><td colspan="6"></td></tr>
<tr><td>教师签字</td><td colspan="6"></td></tr>
<tr><td colspan="7">学生小结
做得好的地方：

做得不好的地方：

存在的困难：

需改进的内容：</td></tr>
<tr><td colspan="7">教师评语：</td></tr>
</table>

附表 3　安全检查岗位工作人员礼仪评价表（课堂实训评价表）

姓名		评价结果			
评价项目	评价标准	自我评价	小组评价	教师评价	总评
职业形象（20 分）	是否按规定着装、整理仪表				
用语礼仪（10 分）	是否规范使用服务用语				
标准仪态（10 分）	1. 是否始终保持微笑 2. 是否有目光交流 3. 是否站姿、坐姿端正 4. 是否手势规范到位 5. 其他仪态是否符合标准				
服务标准（20 分）	1. 验证时是否双手递接证件 2. 前传岗位是否在正确示意行李摆放和引导旅客通过安全门 3. 人身检查是否做到正确操作 4. X 射线检查时是否坐姿端正并正确示意开箱包 5. 开箱包检查时是否注意给予旅客讲解和引导				
情景处置（10 分）	1. 是否能够针对服务对象的要求进行规范、妥善、周全的处理 2. 是否能控制自己的情绪				
有效沟通（20 分）	是否可以和旅客进行有效沟通				
团队协作（10 分）	是否有团队协作等意识				
学生签名					
组长签字					
教师签字					

学生小结

做得好的地方：

做得不好的地方：

存在的困难：

需改进的内容：

续表

教师评语：

附表 4　客舱服务岗位工作人员礼仪评价表（课堂实训评价表）

姓名		评价结果			
评价项目	评价标准	自我评价	小组评价	教师评价	总评
职业形象（20 分）	是否按规定着装、整理仪表				
用语礼仪（10 分）	是否规范使用服务用语				
标准仪态（10 分）	1. 是否始终保持微笑 2. 迎客时鞠躬是否为 15° 角；与旅客交流时，身体与之是否成 45° 角 3. 问候声音是否清晰、洪亮且柔和 4. 端盘时，是否双手端托盘的后半部，大小臂成 90° 角 5. 拿杯子时，是否拿住其下部 1/3 处 6. 倒酒或饮料时，杯子是否倾斜成 45° 角				
服务标准（20 分）	1. 是否注意按客舱服务岗位工作人员礼仪规范要点进行服务 2. 飞机起飞、下降时，是否主动提醒婴儿随行旅客叫醒婴儿 3. 是否主动为怀孕旅客提拿行李等 4. 面对安全隐患是否第一时间采用正确的方法处理				
情景处置（10 分）	是否能够针对服务对象的要求进行规范、妥善、周全的处理				
有效沟通（20 分）	是否可以和旅客进行有效沟通				
团队协作（10 分）	是否有团队协作等意识				
学生签名					
组长签字					
教师签字					
学生小结 做得好的地方： 做得不好的地方： 存在的困难： 需改进的内容：					

续表

教师评语：

附表 5　服务特殊旅客的工作礼仪评价表（课堂实训评价表）

姓名		评价结果			
评价项目	评价标准	自我评价	小组评价	教师评价	总评
职业形象（20分）	是否按规定着装、整理仪表				
用语礼仪（10分）	是否规范使用服务用语				
标准仪态（10分）	1. 是否始终保持微笑 2. 其他仪态是否符合标准				
服务标准（20分）	1. 是否注意按无成人陪伴儿童的工作礼仪规范服务要点进行服务 2. 在服务工程中是否做到语速慢、动作缓、有耐心 3. 是否帮助其系好安全带 4. 是否按照流程同地面工作人员进行交接				
情景处置（10分）	是否能够针对服务对象的要求进行规范、妥善、周全的处理				
有效沟通（20分）	是否可以和旅客进行有效沟通				
团队协作（10分）	是否有团队协作等意识				
学生签名					
组长签字					
教师签字					
学生小结 做得好的地方： 做得不好的地方： 存在的困难： 需改进的内容：					
教师评语：					